이런 삶이
꼰대라면

나는 그냥
꼰대할래요

이런 삶이
꼰대라면

나는 그냥
꼰대할래요

피하고 싶지만
피할 수만은 없는
아주 현실적인
꼰대스러운 이야기

임현서 지음

M mindset

contents

내가 미리 알았더라면 좋았을 무기

"다 잘되라고 하는 소리야."

꼰대의 아이콘이 되어 버린 한마디다. 이러한 타입의 부탁하지 않은 조언과 듣고 싶지 않은 충고는 나도 정말 싫다. 아주 어렸던 과거에도, 지금도. 그 말을 하는 사람 본인이 겪은 경험에 지나지 않을 주관적인 내용인 데다가, 조언자의 수준을 절대 넘어서지 않기 때문이다. 어디 그뿐인가. 듣고 나면 탁상공론과 같은 공허함만 남는다. 그러니 누구나 피하고 싶은 마음은 비슷하지 않을까. 이에 혹시나 나도 이 같은 말을 늘어놓지는 않았는지 다시 돌아보고, 스스로 검열하는 습관이 생겼다.

이와 연장선에서 나는 사석에서 묻지 않은 이야기를 가급적 하지 않는다. 구하지 않은 주제넘은 조언과 충고도 최대한 아끼는 편이다. 술을 한잔 걸치고, 친한 동생들과 후배들에게 어쭙잖은 조언을 건넬까 봐 항상 입단속을 하려고 한다. 내가 들었던 조언들이 듣는 사람을 위한다기보다 하는 사람이 자기만족에 취한 경우가 대부분이었고, 그로 인해 그런 조언들은 으레 무시하는 마음이 생겨 그들과 똑같은 사람이 되고 싶지 않아서다. 무엇보다도 각자의 삶이 바빠 이런 시시껄렁한 조언을 남길 만한 동생들이나 후배들과 자리할 일도 잘 없다. 더욱이 언제부터인지 내가 값지고, 소중하다고 판단하는 경험과 이야기를 듣고 싶은 마음도 없는 사람에게 공짜로 나눠주고 싶지도 않았다.

하지만 아이러니하게도 유튜브 채널을 열어 갖가지 콘텐츠를 발행하다 보니, 10만 명이 넘는 구독자가 나에게서 듣고 싶어 하는 이야기가 내가 그토록 싫어했던 꼰대의 조언과 충고에 가깝다는 걸 알아차렸다. 아직은 젊은 내 나이에 겪은, 경험의 폭이 국한된 내 수준을 넘어설 수 없는 소리이고 타당성을 검증하기도 어려운 흘러가는 말뿐임에도, 셀 수 없을 만큼 많은 감사 인사를 받았다.

그럼에도 불구하고 나는 내가 올린 유튜브 영상들을 보면 민망하고, 보기 싫을 때가 많다. 왜냐하면 대다수가 삶에 대한 충고, 내 경험을 바탕으로 한 조언 따위에 가깝기 때문이다. 게다가 내가 듣기 싫어했던 유형의 이야기를 세상 모두가 들을 수 있게 해두었다고 생각하니 왠지 모르게 그냥 싫다. 그러나 확실한 사실은 지금까지 업로드한 모든 영상 가운데 거짓으로 지어낸 내용은 없다는 점이다. 하고 싶은 말을 아낀 적은 있어도.

단언컨대 다른 사람들에게 꼰대 같은 조언을 해주며, 내 스스로의 만족감이나 우월감 또는 허영심을 채우고자 하지 않았다. 그저 내 기준에서 '더 일찍 알았더라면' 하는 부분 위주로 공유했을 뿐이다. 내 영상을 보는 많지 않은 사람이 그런 메시지를 원했고, 의미 있다는 피드백을 해주었기에 그 기준에 맞추어 가끔씩 떠오르는 콘텐츠를 제작했다.

그렇게 시간이 흘러 어느새 결혼을 하고, 아이를 낳아 키우고 있다. 그렇다 보니 그 어느 때보다도 '내가 이걸 미리 알았더라면…….' 하게 되는 순간이 많다. 대학 졸업 직전부터 사업체를 꾸려 사회에 나와 시행착오를 겪으면서 이따금 했던 생각이지만, 아이가 자라는 모습을 보고 있으니, 자연스레 나의 어린 시절이 떠오르면서, 아버지로서 어떤 이야기를 어느 시점에 어떻게 해줘야 할지에 대한 깊은 고민에 빠진다.

내 아이가 아직은 너무 어려서, 내가 하는 이야기를 알아들으려면 한참의 시간이 필요하겠지만, 현재 내가 안고 있는 고민으로 인해, 이 아이가 성인이 되어 사회에 첫발을 내딛거나, 세상에 나아갈 준비를 할 시기가 오면, 해줄 말이 참 많을 듯하다. 그리하여 내 아이가 사회 초년생이 되어 세상과 마주했을 때 알아두었으면 하는 내용을 이 책에 솔직하게 담았다. 표현과 전달의 방식이 조금 달라질 수는 있겠지만, 이 아이가 어른이 되어도 내 관점에 변화가 크지 않다면, 핵심은 그대로일 것이다. 거기에 내가 나이가 들어가는 만큼 덧붙여진 경험과 가치관이 아이에게 전달될 것이다.

'내가 미리 알았더라면'이라는 생각이 드는지는 내 기준에서 어떠한 조언과 충고가 쓸데없는지 아닌지를 판단하는 기준이다. 어린 시절의 나, 젊은 시절의 나는 내가 잘됐으면 해서 하는 말이라고 하는 모든 소리가 다 싫을 정도였는데, '이 이야기를 들을 수 있어서 다행이다.' 싶었던 적이 거의 없었기 때문이다. 물론 그 무엇도 값지지 않았다는 얘기는 아니다. 다만, 십중팔구 당사자도 잘 모르는 세상 이치를 좁디좁은 개인 경험에서 내린 결론을 독단적으로 설파하거나, 자신의 작은 성공에 심취해 득의양양하여 자기만족만을 위해 한 행동이었으므로, 조언과 충고를 싫어한 스스로가 잘못됐다고 생각하지는 않는다. 이로써 나는 나만의 잣대를 세우고, 그 기준에 합당해야만 입을 열었다.

 그렇다고 해서 이 책이 지금까지 열거한 내가 기피하고 싶었던 스타일의 말에서 자유로운가에 대해 자문해 보면, 그렇지도 않다. 그도 그럴 것이 내 눈높이에서 나의 스토리를 풀어냈기에, 나보다 더 넓고, 멀리 볼 수 있는 사람이 이 책을 읽게 되면 시간 낭비가 될 것이고, 내가 무시해 왔던 수많은 조언과 충고처럼 듣지 않는 것이 나을 수도 있다. 그래도 원고를 쓰는 내내 절대로 자기 기만적이거나 허황되지는 않으려고 노력했다. 더불어 나 스스로 과거보다 더 나은 내가 됐다는 확신으로 '어린 내게 해주고 싶은 조언', '미리 알았다면 훨씬 도움 됐을 이야기'만 담았다.

 나의 아버지는 내가 11살 되던 해에 돌아가셨다. 그런데도 아버지는 생전에 내게 큰 정신적인 자산을 남겼을 뿐만 아니라, 헌신적인 어머니 덕분에 별다른 어려움을 느끼지 않고 성장했다. 그런 와중에도 나는 아버지에게서 들었으면 좋았을 법한 많은 이야기를 듣지 못했다는 아쉬움이 있다. 이러한 이유로 아버지의 마음으로 자녀에게 들려주고 싶은 요소들을 필요한 사람에게 허심탄회하게 전하고 싶다.

 솔직히 고백하자면 나의 자녀에게 들려주기 전이고, 세상 사람이 다 아는 얘기가 되어 버리면, 내 아이는 그 덕을 덜 볼 것 같아서 걱정도 된다. 하지만 이 책을 선택해 완독할 만큼 나와 내 글에 애정이 있는 독자라면, 아깝지 않을 듯하다.

나는 국내에서 내로라하는 좋은 고등학교와 대학교, 대학원을 나와 사업체를 운영하고 있으며, 변호사 및 공인중개사 자격이 있다. 여태 큰돈을 벌지는 못했지만, 또래에 비해서나 변호사라는 동종 업계에서도 경제적으로 여유 있는 편이다. 또한 전문가로서 내 능력과 전문성에 자신 있어, 앞으로의 생계 문제도 걱정 없다. 감사하게도 단란한 가정을 꾸렸고, 양가 부모님도 금전적으로 노후가 보장되어 모시는 데에 부담스럽지도 않다.

딱 이 정도의 눈높이에서 내가 살아온 삶의 과정과 내가 만난 수많은 동료, 직원, 거래처, 사업가인 척하는 사기꾼, 그냥 사기꾼, 범죄자, 스승, 갈등 대상과 관련해 보고, 듣고, 느낀 바를 정리해, 여태껏 몰랐다면 꼭 알았으면 하는 부분만 추려냈다. 그러니 이 책을 집어 든 당신은 내가 주절주절 적어둔 메시지를 어쭙잖게 느낄 만큼 눈부신 성과와 통찰력을 갖춘 삶을 개척해 나갔으면 한다. 이것이 내가 출간하고자 한 유일한 목적이다.

PART 1

삶을 풍족하게 해줄
간접자본이라는 무기

꿈의 변덕은
당연하다

우리는 꿈을 꾸고, 이루라는 이야기를 수도 없이 들으며 자란다. 큰 꿈을 꾸고, 열심히 노력해서 그 꿈을 이루고, 그 과정에서 실패하는 것도 두려워하지 말라고 한다. 물론 다 맞는 말이고, 좋은 얘기다. 또 세상에는 꿈만 먹고 살아서 위대한 성과를 이뤄낸 사람이 적지 않다. 이런 확고하고도 거대한 꿈을 꾸며 삶을 헤쳐나갈 준비가 되어 있다면, 이 책이 도움 되지 않을 것이다.

큰 꿈을 꾸고, 그걸 이루는 삶은 누구나 동경한다. 대부분 명예도, 경제적 보상도 따라오니까. 설령, 실패하더라도 노력하다 보면, 배우는 것이 많기도 하고, 리스크를 어떻게 해결하느냐에 따라 배팅해 볼 만한 일이 되기도 한다.

그런데 꿈을 꾸는 것 자체가 막연한 사람이 참 많을 것이다. 지금까지 "꿈이 뭔가요?", "궁극적인 인생의 목표가 뭔가요?", "무엇을 이루고 싶은가요?"와 같은 질문을 수백 번 넘게 들은 나 또한 그렇다. 예전에는 여기에 어떻게 답해야 할지 많이 고민했지만, 이제는 "지금 하는 거 잘하면서 그때그때 하고 싶은 거 하면서 살고 싶네요." 정도로 정리한다. 김빠질 수도 있지만 내 진심이다.

물론 사회 구성원 한 명이 의욕을 갖고, 열정적으로 자기의 몫을 해낸다면, 그 자체로 가치 있는 일이다. 그러므로 꿈을 가지라는 격려는 사회적으로도 이롭고, 개인에게도 나쁘지 않다. 그런데 무슨 꿈을 어떻게 가지라는 건지, 그 막막함 앞에서 되풀이되는 꿈 타령을 듣노라면, 마땅히 열과 성을 다해서 하고 싶은 일도 없고, 적당히 즐겁고, 편안하게 지내고 싶다고 생각하는 사람이 많을 것이다. 나도 마찬가지다. '골치 아프게 없는 꿈을 억지로 만들어 내야 하나?', '꿈은 나중에 생각해도 되지 않나?'와 같은 생각이 들곤 하니까.

사실 정답이 없는 이야기지만, 적어도 내가 경험한 범위에서는 사람들의 꿈은 자주 바뀐다. 상황에 따라 꿈이 커지기도 하고, 작아지기도 한다. 그런데 꼭 원대한 포부가 있는 사람만이 큰일을 이루는 건 아니다. 다만, 일이 잘 풀리면 꿈도 같이 커진다. 큰 꿈이 먼저 자리 잡고 있다면 좋겠지만, 스스로 설득이 되지 않는 꿈을 억지로 들이민다고 자리가 잘 잡히는 것도 아니다.

이렇게 꿈 이야기가 나올 때마다 나는 어렸을 적 네 살 터울의 형과 나눈 대화가 떠오르곤 한다. 당시는 2000년 전후로 패스트푸드점이 많이 생겨나면서 치킨, 피자, 햄버거 등 지금은 흔한 간식이 새롭게 느껴지던 때였다. 알뜰한 집안 성향상 한 달에 한 번, 만리장성이라는 동네 중국집에 온 가족이 가서 짜장면과 짬뽕, 할머니는 울면을 시켜 먹은 것이 외식의 전부였던지라, 나와 형은 치킨, 피자, 햄버거를 원 없이 먹는 것이 진심 어린 꿈이었다. 그리하여 나의 형은 하루 세 끼를 치킨, 피자, 햄버거로 때우려면 얼마의 돈이 필요한지, 한 달에 얼마가 있어야 그런 생활이 가능한지를 계산하며, 나에게 그런 날이 왔으면 좋겠다고 했다.

이제는 패스트푸드 가격이 과거에 비해 저렴해지기도 했고, 지금 벌이로는 모든 식구가 하루 세 끼, 아니 다섯 끼를 채운다고 해도 전혀 무리가 없는 수준이 되었다. 어린 시절의 꿈을 이룬 셈이다. 하지만 두 눈을 반짝이며, 간절히 바랐던 어린 시절의 꿈이 큰 감흥으로 다가오지는 않는다. 상황도, 꿈도 변했기 때문이다.

한편, 생을 마감하는 날까지 꿈만 꾸다가 죽는 사람도 있겠지만, 꿈과 현실의 괴리는 심적인 고통의 원인이 되기도 하므로 임종 직전까지 꿈을 향해 살아가는 사람은 많지 않을 테다. 가령, 당장 1년 시한부 선고를 받으면, 2년 더 사는 게 꿈이 될지언정, 1년 내에 스티브 잡스 같은 CEO가 될 꿈을 꾸지는 않을 것 아닌가. 죽음이라는 결말이 기다리고 있음에 꿈의 크기와 모양을 조절하게 되니까.

그리고 세상에는 꿈의 크기를 줄이는 사람이 있는가 하면, 키우거나 새롭게 만들어 나가는 사람도 있다. 전자는 초등학생 때 각 반에 한 명씩은 꼭 있었던 대통령을 꿈꿨던 친구들이다. 그들 대부분은 대통령은커녕, 장관조차 되지 못했다. 이런 당찬 꿈이 잘못됐다는 말은 아니다. 그저 일반적으로 꿈의 크기는 현실적 제약에 따라 작아진다는 점을 이해하기 쉽게 사례로 들었을 뿐이다. 같은 맥락으로 고등학교에 갓 입학했을 때는 서울대 진학을 목표로 했다가, 학년이 올라가면서 연세대 또는 고려대-서울의 유명 사립대-서울 내 4년제 대학으로 여러 차례 타협하는 수험생의 사고회로도 이와 비슷하다고 할 수 있다.

꿈의 크기를 키워나가는 후자는 나와 같은 사람이다. 한 일화를 들려주자면, 중학생 시절 물리를 담당하던 선생님이 서울대

사범대 출신이었다. 이에 나는 "어떻게 하면 서울대에 갈 수 있느냐?"고 물었고, 선생님은 "너 정도면 충분히 가지 않겠니?"라고 했다. 그 말이 진심이었는지, 너스레였는지, 알 수는 없었지만, 나는 서울대만 갈 수 있다면 어떤 전공이든지 영광스러울 것 같았다. 그렇게 고등학생이 되었는데, 압도적인 사교육을 받고 온 동기 사이에서도 내 성적이 나쁘지 않았다. 그래서 나는 서울대의 가장 좋은 학과를 노려볼 만하다고 판단했으며, 그렇게만 된다면 가슴이 벅차오를 만큼 기쁠 듯했다. 한마디로 꿈을 계속 키워나간 것이다.

결론부터 말하면, 나는 목표했던 학과에 입학했다. 그러나 이미 이룬 꿈은 꿈같지 않았다. 이 경험이 바탕이 되어 나는 인간이 상향 비교에 익숙한 동물임을 절실히 느꼈다. 꿈이 없던 사람도 자신이 처한 상황에 맞추어 새로운 꿈을 꾸고, 그걸 꿈이라고 부르지 않더라도 달성하고 싶은 목표와 욕구가 생겨나기 마련이므로.

다시 말하지만, 꿈은 자신이 처한 여건에 따라 바뀌기 쉽다. 외부 상황에 영향을 많이 받으니까. 그러니 흔들리지 않는 단 하나의 꿈을 찾고자 한다면 당연히 힘들 수밖에 없다. 예컨대, 삼시세끼 챙겨 먹지 못할 정도로 곤궁하면, 배불리 먹을 수 있기만을 바라는데, 이걸 꿈으로 삼는 게 부끄러운 일이라거나, 치사한 것이 아니다. 또 배불리 먹을 수 있게 되었을 때, 재산을 쌓아서 안정적인 기반을 만들고, 단란한 가정을 꾸리는 게 꿈이 될 수 있다. 이런 현실적인 고민 외에 다른 고민이 생각나지 않는다고 해서 하나도 이상할 것도 없고, 잘못된 것도 없다. 이처럼 단계적으로 떠오르는 고민을 해결하거나, 혹은 목표를 달성하고 나면, 그다음 단계로 무언가가 생각날 것이다. 나는 이 또한 꿈의 형태이고, 꿈을 이뤄나가는 과정이라고 생각한다.

02

물질적인 기반은
인간의 사고에
큰 영향을 미친다

이렇게 꿈 이야기를 먼저 꺼내는 이유는 이 책이 "물질적인 기반은 인간의 사고에 엄청난 영향을 준다."는 생각에 기반하고 있어서다. 물론 인간의 사고가 온전히 유물론적으로 결정된다는 철학적 주장을 하는 것은 아니다. 반대의 경우도 얼마든지 있을 수 있으니까. 예컨대, 가치관에 따라 물질의 풍요로운 정도가 달라지기도 한다. 그러나 지금까지 나의 변화 과정을 돌이켜봤을 때, 굳이 순서를 정하자면, 물질적 기반이 생각을 바꾸고, 바뀐 생각이 다시 물질적 기반에 영향을 주는 순환적인 과정을 거쳐 왔음이 틀림없다. 사람마다 다르긴 하겠지만, 이 책을 읽는 당신도 삶의 여정에서 어떤 사고의 변화를 거쳐 왔는지 떠올려 보고, 검증해 보면 좋을 것 같다.

지금부터는 "물질적 기반은 우리가 꾸는 꿈에 큰 영향을 준다."는 나의 시각을 뒷받침하기 위해 나의 가정사를 이야기해 보려 한다. 나의 아버지는 조그마한 기업의 연구원이었고, 어머니는 교육 공무원이었다. 양가 모두 물려받을 재산이 있는 집안도 아니어서 전형적인 중산층 가정이었다. 이런 우리 가족의 꿈은 거창하지 않았다. 그저 자식들이 공부를 잘해서, 좋은 학교를 졸업해, 소위 괜찮은 직업을 갖길 바랄 뿐이었다. 그 와중에 나의 어머니는 어렸을 때부터 내가 변호사가 되었으면 좋겠다고 했다. 그 영향으로 나는 변호사가 무슨 일을 하는지도 모른 채, 변호사가 되길 희망했고, 식구들은 기왕이면 서울대 법대 출신 변호사가 되었으면 했다.

그런데 그 염원을 얼추 비슷하게 이룬 지금 돌이켜 생각해 보면, 꿈이라고 말하기엔 너무 투박해서 민망하다는 생각도 든다. '우리 부모님과 같은 세대를 살아갔던 재벌가에서도 이런 꿈을 꿨을까?' 해서다. 재벌가가 아니더라도 서울 모처의 부자 집안에서는 어떤 꿈을 꿨을까? 물론 좋은 학교를 나와 괜찮은 직업을 갖는 것은 누구나 반길 만한 일이지만, '안정적인 직업을 갖고, 남들보다 더 나은 벌이를 하는 것'이 꿈이었을까? 아마도 그렇지는 않을 것이다. 집안 사정에 따라 큰 사업을 일구고 싶었을 수도, 혹은 해외로 나가 꿈을 펼치기를 원했을 수 있다. 모르긴 몰라도 꿈의 크기는 더 컸을 것이다.

나는 학창 시절, 해외에 나가 무슨 일을 하겠다는 마음을 감히 먹어본 적이 없다. 여행 나가기도 벅찬데, 그곳에서 무슨 일을 하고, 돈까지 번담? 그러나 이런 나와는 달리, 우리나라의 누군가는 세계 각국으로 나가 돈을 벌었고, 세계 굴지의 기업도 생겨났다. 더불어 신화적인 성공담 뒤에는 원대한 포부와 큰 꿈을 이뤄나간 모범적인 꿈과 성공의 상관관계가 자리 잡고 있다. 여기서 의문이 생긴다. 그 꿈은 처음부터 원래 그 자리에 흔들림 없이 있었던 걸까? 아니면 더 잘살고 싶고, 더 잘하고 싶었던 의욕과 도전이 가능했던 여건이 모험 정신과 만나 성공을 꽃피웠던 걸까? 언감생심 물질적 기반이 전혀 없는데 세계 정복부터 하게 되었던 걸까? 나는 그런 신화적인 성공 뒤에도 그 밑바탕이 되었던 꿈은 시시각각 유연하게 모양을 바꾸어 나갔다고 확신한다.

다시 강조하건대, 물질적 기반은 개인의 사고에 지속해서 폭넓은 영향을 준다. 그에 영향을 받아 꿈의 높이와 폭도 영향을 받을 가능성이 크다. 그래서 아직 정확히 뭘 하고 싶은지, 꿈이 뭔지 도통 몰라도, 물질적 여건은 아주 중요하다. 왜냐하면 언젠가는 물질적 문제와 마주할 가능성이 높고, 그로 인해 미래에 꿀 수 있는 꿈의 폭에도 영향을 받을 수 있어서다.

조금 더 쉽게 풀이해서, 평범한 대부분의 삶에서 물질적 곤궁함이 당면 과제가 되는 순간부터는 그로부터 해방되는 것 자체가 꿈이 된다. 세상에 '먹고 사는 문제'만큼 심각한 문제는 없다. 이를 해결하지 못한 대부분의 사람은 그다음 단계의 꿈을 상상조차 하기 어렵다. 먹고 살기에 급급한 삶, 이런 삶을 깎아내리는 자들도 있지만, 나는 절대 그렇게 생각하지 않는다. 목숨이 붙어있는 한, 어떻게든 해결해야 하는 이 원초적 전쟁에서 살아남지 못한다면 꿈 타령은 공염불에 지나지 않으니까. 그래서 먹고사는 문제에 대해서만큼은 항상 가벼운 마음을 가질 수 없다.

　이러한 이유로 만일 지금 뾰족한 꿈이 없다면, 장래에 다가올 물질적 제약에 대비해 돈이라도 열심히 벌겠다는 생각을 하는 것도 전혀 나쁘지 않다고 본다. 즉, 꿈이 없으면 돈 벌 궁리라도 하라는 것이다. 이미 돈 걱정에서 해방된 상황이 아니라면, 가까운 미래에 돈 문제가 들이닥칠 것이다. 하지만 사전에 준비해 두면, 비로소 생각나지 않았던 꿈이 나중에라도 떠오르거나, 새로운 의욕과 목표로 세상을 살아갈 수도 있을 것이고, 혹은 돈 버는 것 자체가 재미있어서 그게 꿈이 될 수도 있다.

현실 문제에
균형 잡힌 결론을
도출하는 방법

꿈이 없다면 돈 벌 궁리를 하라는 나의 말에 누군가는 "아빠가 좋아? 엄마가 좋아?"처럼 답이 없는 질문을 하기도 한다. 바로 "좋아하는 일을 할까요? 잘하는 일을 할까요?"다. 생계 수단과 커리어와 관련하여 구체적이지 못한 막연한 질문이다. 그런데도 꽤 많은 사람이 이렇게 물어왔는데, 솔직히 고백하자면, 살면서 단 한번도 고민해 본 적 없는 사항으로 어떻게 대답해야 할지 몰라 난감했던 적이 한두 번이 아니다. 한편으로는 여기에 대한 해답을 찾으며, 내 생각을 정리해 보는 기회가 되기도 했다.

위 질문에 대한 나의 답변은 지극히 개인적인 경험에 기반하는데, "좋아하는 걸 하는데도 잘하지 못하면, 앞으로 그 일을 안 좋아하거나 덜 좋아하게 될 것이다."로 요약할 수 있다. 이를 조금 더 맥락에 맞게 구체화한다면, "잘하는데 돈도 되는 걸 하면 좋아질 거고, 그래도 굳이 잘하는 걸 하기 싫다면 좋아하는 걸 하세요."가 되겠다.

　내게는 이와 관련한 일화가 있다. 중학생 때 내 꿈은 R&B 가수 황제가 되는 것이었다. 제법 진지했고, 그 모습을 상상하며 노래 연습도 열심히 했다. 현재 완전히 다른 길을 가고 있는 시점에서는 터무니없어 보이지만, 보컬리스트로서 많은 노력을 했고, 군대 시절에는 매일 1시간씩 구석에서 보컬 트레이닝을 해 전우들에게 고통을 주기도 했다. 전역 후에는 10곳이 넘는 가요제에 참가해 수상하기도 했고, 수백 대 일의 경쟁률을 뚫고 실용음악과 보컬 전공학과에 입학해 하루 종일 노래만 하는 친구들 사이에서 전국 규모의 대회 우승을 차지하기도 했다. 재미있는 것은 이 시절에 만나서 지금까지 근황을 주고받는 친구들이 있는데, 몇백 명 중 한 명으로 선발되어 실용음악 보컬을 전공했음에도 노래를 업으로 계속 이어가는 사람을 찾아보기가 어렵다는 사실이다. 물론 수많은 시간을 쏟아부은 나도 음악과는 전혀 관련 없는 인생을 살고 있다.

　한때는 실용음악에 청춘을 바친 친구들과 나는 그것이 인생의 전부라며, 음악을 해야만 살아 있다고 느낄 정도로 '내가 좋아하는 것'에 열광했다. 그러나 '좋아하는 일'이 거짓말처럼 '좋아했던 일'이 되고, '더 좋아하는 일'이 생기거나, '그럭저럭 할 만하지만 해야 하는 일'에 순서가 밀려버렸다. 그리고 이러한 일들은 심심치 않게 일어난다. 너무 좋아서 포기하지 못했던 일에 시간을 쏟다가 결국 그게 경제적 어려움의 원인이 된다면? 사회적인 자존감을 무너뜨리는 근본적인 원인이 된다면? 그래도 좋아야 '진짜 좋아하는 일'이라고 이야기할 수도 있겠지만, 그건 말장난일 뿐이다. 어떤 일이 있어도 좋아하는 마음이 바뀌지 않는 무언가를 찾으라는 이야기는 오히려 교조적인 무논리의 강요에 불과하다. 사람마다 그런 게 있을 수도 있고, 없을 수도 있으며, 평생을 억지로 찾아도 찾기 어려울 수 있기 때문이다.

그리하여 개인적 경험을 바탕으로 쓰는 이 책에서 하고 싶은 말은, 나 역시 그런 일을 아직 찾지 못했고, 시간이 지나도 그것을 찾는 게 가능할지 잘 모르겠다는 거다. 그래도 상관없다. 그때그때 좋아하는 걸 하면서 살 수만 있다면, 좋아하는 걸 찾지 못해도 되니까. 더욱이 마음이 여유롭고, 경제적으로도 준비가 되면, 그런 삶을 살지 못할 이유도 없다. 그래서 꿈을 찾다가 답이 안 보이면, 현실적 고민부터 해결할 생각을 하라는 결론에 이르는 것이다.

다만, 꼭 짚고 넘어가고 싶은 내용이 하나 있다. "지금 당장 꿈이 없으면, 돈 벌 궁리나 해라."라는 꼰대 같은 결론만 떠올리기 전에, 물질적 여건이 나의 사고방식과 꿈에 큰 영향을 줄 수밖에 없다는 '구조적 인식'에 기대어 다시 한번 생각해 보라는 부분이다. 사람들은 이를 '메타인지'라고 표현하기도 하는데, 명칭이야 무엇이 되었든, 내가 현재와 같은 삶에 대한 시각을 갖게 된 것도 상당 부분 물질적 여건으로부터 영향을 받은 산물이라는 것을 알고 난 후, 같은 고민을 해봄으로써 더 균형 잡힌 결론을 도출해 내는 데 도움이 되어 권하는 바다.

예를 들어, 밥이라도 굶지 않는 것이 지상 목표가 되었다면, 그것은 아마도 끼니를 해결하기 어려운 경제적 곤궁함으로부터 비롯된 단순한 꿈이자 목표일 것이다. 그런데 가난하지 않았다면 그보다는 더 근사한 꿈을 꾸었을 테다. 이렇듯 나 자신과 나를 둘러싼 환경, 구조적 요소를 한 발짝 물러서서 객관적으로 조망하고, 그 관계를 탐색해 보는 것. 이것이 바로 구조적 인식으로 세상을 바라보는 방식이며, 그 과정에서 세상은 단순히 내가 시시각각 감각적으로 느끼고, 무비판적으로 수용하는 욕구로서의 꿈과는 다른 꿈을 보여줄 것이다.

나도 이러한 깨달음을 얻은 적이 있다. 대학생 시절 나는 과외나 아르바이트로 한 달에 약 200만 원을 벌며 학교에 다녔다. 2010년대 초 최저시급 기준 월급이 월 100만 원 남짓이었으니, 꽤 윤택했다. 당시 내게 필요했던 것은 부모님의 도움 없이 해외여행을 다녀오고, 칵테일을 마실 수 있는 금전적인 여유였고, 그게 내 눈앞의 소박한 꿈이기도 했다. 그로 인해 내가 좀처럼 누려보지 못했던 물질적 여유는 나에게 행복을 주었고, 그에 맞추어 살았다. 한마디로 나의 소박한 꿈이 어디서 비롯된 것인지 생각해 볼 안목이 부족했고, 그 시간에 다른 무엇을 어떻게 더 할 수 있을지 알지도 못했다.

그 무렵 나는 지나가는 말로 어머니에게 이런 이야기를 했다. "제가 주 1회 3시간씩 과외를 4주간 하면 40만 원을 받는데, 시급으로 치면 33,333원꼴이에요. 한 달에 209시간을 일한다고 치면 약 700만 원이 되는데, 제 월급이 700만 원이 되기 전까지는 과외를 해서 돈을 버는 게 좋을 것 같아요." 산수로 틀린 말은 아니지만, 딱 과외로 아르바이트하는 대학생의 머릿속에서 나올 법한 결론이었다.

물론 자립심을 갖고 경제 활동을 하며, 삶을 개척해 나가는 태도에 잘못은 없고, 부모님에게 용돈 타다가 놀러 다니는 것보다는 훨씬 낫다. 그렇지만 과외를 하며 돈을 버는 것과 직장 생활을 하며 받는 월급을 견주어 보는 1차원적인 생각은 그 자체로 논리적인 결함을 가진 사고는 아니지만, 향후 커리어와의 연장, 교육이나 네트워킹 등에 투자함으로써 미래 기대 소득에 미치는 영향, 현재의 소득을 어떻게 관리하고 운용할지에 대한 기대 이익 등을 전혀 반영하지 못한 판단이었다. 그렇다고 그때의 그 생각과 그에 기반한 결정이 무조건 틀렸다는 것은 아니다. 다만, 나의 당시 상황과 결정에 대한 구조적 이해가 부재했기에 굳이 표현하자면, 충분한 정보에 입각한 결정informed decision이 아니라고 평가할 수밖에 없다.

이처럼 내가 지금 원하는 것, 내가 꿈꾸는 것도, 내가 세상을 어떻게 이해하고, 나에게 어떤 정보가 제공되는지에 따라 달라진다. 이를 설명하기 위해 지금까지 '물질적 기반'이라고 협소하게 표현했다. 당연히 물질적 기반이라는 단일한 요소가 나를 둘러싼 삶의 모든 여건을 설명해 주지는 않는다. 하지만 내가 세상을 어떻게 이해하고, 어떤 정보를 제공받는지는 나를 둘러싼 삶의 여건에 의해 상당 부분 결정되고, 야속하게도 삶의 여건은 물질적 기반에 어마어마한 영향을 받기 마련이다. 그리하여 물질적 기반이라고 좁혀서 표현해도 어떠한 거리낌도 없으리라 믿는다.

지금 원하는 것이
진짜가 아닐 수도 있다

결단코 "꿈이 없으면 돈이나 벌라."는 꼰대 같은 소리를 하고 싶은 게 아니다. 현재 꿈이 없다면, 물질적 기반을 마련하는 데 관심을 두어도 절대 손해 볼 일이 없다는 의미이지, 막무가내로 돈부터 벌라는 말이 아니다.

 바로 앞에서 구조적 인식을 갖추고, 나의 꿈과 내가 처한 상황을 다시 돌이켜보라는 부분도, 당신이 미처 보지 못한 것을 보길 바라는 마음에서 추천했다. 단언컨대 '지금 내가 희망하는 것이 진짜'라는 생각에서 벗어남으로써 더 냉철하게 자기 자신을 검증하는 과정이 되리라 확신한다.

그렇다고 이런 시도만으로 미래까지 추측할 수 있는 건 아니다. 2010년, 열정적으로 과외 수업을 하러 다니던 20살의 내가 10년 후 무엇을 하면 좋은지를 알아낼 방법이 없으니, 당시의 나에게 구조적 인식이니, 충분한 정보에 입각한 결정이니 해봐야 어디까지 와닿았을지 장담할 수 없다. 하지만 미래를 볼 수 없더라도, 미래를 보려고 하지 않아도, 구조적 인식은 누구나 더 나은 선택을 할 수 있도록 해준다. 그리고 이런 시각에서 냉정히 판단하면, '더 나은 물질적 기반'은 '더 나은 삶의 선택'을 허락해 줄 가능성이 높다. "돈이 많으면 더 좋은 선택을 한다."는 것이 아니다. "구조적으로 더 유리하므로 이를 논리적이고, 분석적으로 이해해 내 상황에 맞춰 활용해 보자."는 것이 내가 말하고자 하는 요지이다.

일례로 내가 어렸을 때 지겹도록 들은 말 중 하나가 "부자들의 사고방식을 따라 해라."였다. 다시 봐도 여전히 싫증 나는 이 문장을 "부자들이 가진 풍부한 물질적 기반을 염두에 두고, 그들이 누리는 높은 수준의 정보 자산과 지적 자원에 저비용으로 접근하거나, 전략을 모방하여 비슷한 효과를 내도록 노력해라."로 순화해 보면 어떨까? 아마도 탄탄한 구조적 인식에 뿌리를 두고 있어서, 앞의 "부자들의 사고방식을 따라 해라."보다 직관적으로 와 닿을 것이고, 더 명확한 계획을 세울 수 있도록 도울 것이다.

이렇게 적어놓고 보니, 나의 부모님은 내게 필요한 것을 적절한 시기에 제공하여 잘 이끌어 준 듯하다. 서툴기는 했지만, 적어도 '요즘 좋다는 것' 혹은 '나는 못했지만 꼭 해주고 싶은 것'을 마음에 두었다가 선물했다. 가령, 이런 것이었다. 내가 유치원 때 직장을 다니던 어머니가 재활용지에 제본된 파닉스Phonics 책 한 권을 가져다주었다. 또 아버지의 암 투병 기간에는 매일 저녁 1시간 남짓 아버지와 함께 영어 동화책을 읽었다. 나는 이것이 내 인생을 많이 바꾸어 놓았다고 믿는다. 심지어 나의 아버지는 고등학생 신분으로 패스트푸드점에서 아르바이트를 하는 사촌 형을 불러서 나중에 더 많은 돈을 벌 수 있다며, 컴퓨터를 사주기도 했다. 이 모두 현재에서 한 발짝 떨어져 고민했기에 가능한 행동이었다고 본다. 이렇게 어린 시절의 내가 경험하고, 생각하지 못한 것들을 나름대로 보충하려고 애썼던 부모님의 노력 덕분에 내 삶의 궤적이 변화했고, 그에 따라 내 꿈도 굽이치며 변했고, 커졌으며, 지금도 그 궤적의 연장선에서 변화하고 있다.

'꿈'이라는 소재에서 많이 표류했지만, 내가 전하고자 한 핵심은 구조적 인식을 갖춘 상태로 내 꿈을 고민해 보라는 것이다. 이는 분명 나의 미래를 바꾼다. 더 나은 방향으로. 그리고 그 과정의 정보와 지적 자산은 꼭 자가 도출한 논리일 필요도 없고, 누구를 모방해도 된다. 오히려 그게 더 나은 방법이 될 수 있다.

이 글을 읽는 당신은 월 1,000만 원을 버는 게 꿈인가? 아니면 충분한 자산을 모아서 은퇴한 후에 하고 싶었던 일을 하면서 사는 게 꿈인가? 그도 아니라면, 명예, 사랑, 혹은 다른 성공의 잣대를 만족시키는 것이 꿈인가? 서두에도 언급했듯 평생 흔들리지 않는, 이미 자신을 설득한 뜨거운 무언가가 있다면, 그 지경에 도달하지 못한 작가가 쓴 이 책을 읽는 행위는 시간 낭비일 수 있다. 그러나 그렇지 않다면, 지금 떠올린 그 꿈과 욕망이 자리 잡은 현실적 여건을 구조적으로 인식하고 돌아보았으면 한다. 다시 말해, '현재의 나'는 왜 그런 욕망을 갖게 되었는지, 내가 사는 모습이나 삶의 여건이 바뀌면 '미래의 나'는 당연히 다른 꿈을 갖게 되지 않을지, 그렇다면 머릿속을 복잡하게 채운 생각, 감정, 욕망의 뒤범벅에서 물러나, 그 뿌리가 된 나의 삶의 모습을 냉철히 바라보는 것이 '나의 꿈'을 생각할 때 가장 첫 번째로 해야 할 일이라고 본다.

참고로 나는 꿈에 대해 질문할 때 "나의 꿈은 무엇인가?"보다 "나의 꿈은 무엇이 될까? 왜 그렇게 될까?"가 더 적절하다고 생각한다. 미래를 가정하고 던지는 이 질문이 언제나 나의 꿈과 더 닿아 있었다.

간접자본은
삶을 풍요롭게 한다

솔직히 초반부터 물질적 기반, 돈 따위의 무거운 소재를 풀어놓아 마음이 편하지 않다. 그래도 하던 얘기는 마저 해볼까 한다.

앞서 물질적 기반이 꿈 또는 사고방식에 지대한 영향을 미친다고 했다. 하지만 돈이 많으면 장땡이라거나, 결국 돈이나 벌라는 결론을 내고자 함은 아니다. 다만, 부와 다른 사회적 자본이 함께하는 경우가 많다 보니, 이를 분리해서 생각하는 게 어려운 것도 맞다. 그렇다고 이 책 한 권 읽는다고 해서 로또에 당첨되어 돈방석에 앉게 되는 것도 아니니, 돈 얘기는 덮어놓고, 지금부터는 '간접자본'의 가치에 대해 나눠보고자 한다.

사회간접자본에 대해서는 한번쯤 들어봤을 것이다. 영어로는 SOC Social Overhead Capital로 표기하는데, 사전에서는 '재화를 직접 생산하지 않지만 간접적으로 생산 활동을 돕는 자본'이라고 정의한다. 그 예로는 철도·도로·항만·통신 시설 등으로 경부고속도로를 떠올리면 딱 맞겠다.

한편, 우리나라를 두고 헬조선이니, 헬반도니 자조적으로 평가하거나, 제1 도시인 서울이 살기에 팍팍하다고 하는 사람들이 있다. 그러나 세계에서 손꼽는 규모의 도시라는 점에서 살펴보면, 아주 우량한 사회간접자본을 갖춘 도시임을 알 수 있다. 어딜 가나 버스, 지하철과 같은 대중교통 수단을 이용할 수 있고, 광역교통망도 훌륭하고, 상·하수도에 문제가 있는 것도 아니다. 또한 도로포장도 잘되어 있다. 물론 이보다 더 뛰어난 환경의 도시도 있겠지만, 이토록 수많은 사람이 모여 살며 막대한 비용을 들여 시설을 확충했으니, 실로 그 수준이 어마어마하다. 개인적으로는 방문했던 저개발된 타 국가의 도시와 견주었을 때, 경외감마저 들 정도다.

굳이 내가 에세이에 어울리지 않는 경제 용어를 꺼낸 이유가 있다. 앞서 줄곧 물질적 기반과 그것이 개인의 사고에 끼치는 영향에 관해 이야기했고, 마치 '돈'이나 '부'가 인간의 사고를 결정

짓는다는 듯한 냄새를 풍겨서다. 그러나 직접적으로 집에 돈이 얼마 있느냐가 모든 것을 결정짓지는 않으며, 이 책에서 대책 없이 무조건 돈을 벌라고 권하는 것도 아니라는 점을 분명히 하고 싶다.

세상 전부를 화폐 단위로 환산해 물질적으로 측정하는 것이 정상적인 사고방식도 아니지만, 나도 그렇거니와 독자들도 원하는 삶의 방식을 개척해 나가려면, 그게 꼭 돈은 아닐지언정 '가진 것'이 두둑해야 한다. 당연히 물질적으로 가진 것이 없어도 풍요로울 수 있다. 하지만 원하는 생활 방식을 누리려면, 가진 밑천이 있어야 한다. 예컨대, 내 주머니에 땡전 한 푼 없어도 만족하면서 살려면, 단순히 돈 몇 푼 버는 것보다 훨씬 더 힘든 정신적 자산이 뒷받침돼야 해서다.

이것이 나의 개인적인 판단일 수도 있지만, 모든 사람이 돈이 없다고 불행해하지도 않고, 물질적 풍요가 반드시 행복의 필요조건인 것도 아니다. 내가 보기에는 대부분의 평범한 사람이 그렇게 느끼고, 생각할 뿐이다. 다시 말해, 물질적 풍요가 없어도 상관없는 정신적 자산을 갖춘 사람이라면, 소유로부터 해방되어 홀가분해질 듯한데, 적어도 이 원고를 쓰는 시점에서 나는 그럴 자신이 없고, 도전할 의지도 없으며, 스스로 가능할 것 같지도 않다. 또 대다수가 나와 같을 것이라고 믿기에, 이 책의 눈높이는 그런 정신적 자산을 얻기 힘든 나와 같은 사람들에게 맞추어져 있다.

이렇게 물질적인 부분에 초연한 가치관을 가진 현명한 사람이 가족 중에 있어서 그로부터 진심 어린 감화를 받게 된다면 어떨까? 아마도 물질적으로 풍요로워도 돈 한 푼에 일희일비하는 사람보다는 나은 삶을 살 수 있을 것이다. 그리고 나는 이러한 유형의 영향이 당장 사용할 수 있는 돈 따위의 형태가 아니더라도, 인간적 상호작용 범위 내에서 얻을 수 있는 삶의 자양분이 된다고 생각하기에 '간접자본'이라고 칭하고 싶다. 조금 더 쉽게 설명하자면, 나를 사랑하는 가족, 힘들 때 위로해 주는 배우자, 보기만 해도 힘이 나는 자녀, 늘 믿고 이야기할 수 있는 친구들과의 관계는 내 마음속에 왕복 10차로 경부고속도로가 뻥 뚫린 것처럼 삶의 큰 버팀목이 되니, 간접자본이라고 하겠다는 것이다.

그렇다고 주위 사람들과의 좋은 관계가 행복을 가져다준다는 이야기를 굳이 꺼내고자 하는 생각은 아니다. 이와 관련해서는 '하버드 성인발달연구The Harvard Study of Adult Development' 결과로도 충분히 입증되어 있고, 인터넷에 '하버드 행복 연구' 정도로만 검색해도 원하는 정보를 얻을 수 있으니 참고하면 되겠다. 그리하여 여기서는 간접자본을 실용적인 관점에서 정보 자산과 지적 경험이라는 측면에서 살펴보고 설명하고자 한다.

모두가 알고 있듯이 좋은 정보는 아주 큰 가치가 있다. 군사기밀이나 산업기밀같이 거창한 것이 아니더라도 말이다. 그리고 이러한 다양한 좋은 정보는 경제적 여유가 있으면 돈을 주고 살 수도 있다. 예컨대, 믿거나 말거나지만 모 그룹 회장이 대학에 입학하던 당시, 계열사 언론사의 해당 대학 출입 기자를 동원해 학과별로 가장 유리한 경쟁률을 파악한 뒤 원서를 제출했다는 세간에 떠도는 소문처럼.

그런데 모든 정보가 돈을 대가로 거래되는 것도 아니고, 돈을 주고도 얻지 못하는 정보가 있기도 하며, 거래의 대상이 되기에는 미묘하고, 산발적이어서, 교환의 형태를 종잡기 어려운 경우도 많다. 분야를 넘나드는 삶에 대한 포괄적인 지적 경험의 공유와 전수는 이런 성격이 더더욱 강한데, 가르쳐 주는 사람이 뭘 가르쳐 줄 수 있을지 배우는 사람 입장에서는 도통 알 수가 없으니 애초에 뭘 알려달라고 해야 할지 모르기 때문이다. 만일, 무림의 절대 고수가 되기 위해 소림사에 들어가 금강불괴든 만독불침이든 필요한 모든 걸 알려달라고 맡길 수 있는 상황이라면 모를까, 현실에서는 누군가의 지적 경험을 통째로 흡수하는 관계를 찾아보기가 상당히 어렵다.

이처럼 포괄적인 지적 경험의 공유는 대단히 제한적인 여건에서만 나타나는데, 부모와 성장기의 자녀 사이가 대표적인 사례 중 하나다. 그도 그럴 것이 이들은 생활을 공유하지 않을 수 없으며, 항상 친밀하게 교류하고, 연령 차이로 인해 사회 체험의 깊이와 지적 경험의 수준이 차이 날 수밖에 없다. 이로써 부모는 지적 경험을 전수하는 첫 스승이 된다. 때로는 터울 있는 형제나 부모 외의 동거 가족이 그런 역할을 함께해 주기도 한다.

이렇듯 부모는 자녀에게 가장 손쉽게 접근할 수 있는 지적 경험의 원천이므로, 어떤 부모를 두었느냐에 따라 가용할 수 있는 지적 자산에 큰 차이가 있을 수밖에 없다. 그리고 부모가 알려줄 수 없는 영역의 정보 자산에 이르기까지 배움이나 정보 습득의 범위를 확대할 수 있도록 중간 연결지점으로서 수행하는 부모의 역할에 비추어 보면, 그 차이는 더욱 크다. 애초에 미성년 자녀는 부모의 보살핌이 있어야 할 뿐만 아니라, 사회 경험도 짧고, 무엇을 배워야 할지 알 수 없으니 부모의 결정에 따라야 하는 구조다. 그러하므로 1차적인 정보와 지식의 허브로서 부모, 혹은 그에 준하는 양육자의 역할이 절대적으로 부각될 수밖에 없다.

그런데 부모가 물려줄 수 있는 요소 중에 양심, 정직성, 도덕성 등 단순 정보나 지적 경험이라고 칭하기에 어색한 것도 있다. 그러나 이 역시 자녀들에게 규범적으로 지켜나가야 할 가치를 전수해 준다는 점에서 지적 경험의 범위 안에 있다는 기준 아래 이야기를 더 이어 나가 본다.

간접자본의
차이를 이해해라

간접자본 이야기를 꺼낸 것은 우리가 성장 과정에서 누구와 지내고, 어떤 지적 영향을 받는지를 일일이 화폐 단위에 대응하여 계산할 수는 없더라도, 그것이 KTX, 인천국제공항, 경부고속도로가 미치는 것만큼, 혹은 그보다도 더 큰 영향력 있는 인적 자산이 된다고 확신해서다. 요컨대, 부모가 직접적으로도 가르치지만, 자녀에게 무엇을 가르치고, 무엇을 배우게 할지 지적 관문 역할을 하기에, 자녀들은 부모의 지적 인식과 경험, 정보의 축적이라는 결론에서 벗어날 수가 없다.

한편, 최근 몇 년간 사회적으로도 입방아에 오르내리는 '수저론'에서 사람들의 눈을 먼저 사로잡는 것은 자녀에게 물려줄 재산의 크기이겠지만, 나는 단순한 물적 자본의 대물림만이 모든 사회생활 관계를 지배하는 것으로 절대 생각하지 않는다. 다만, 앞서 강조했듯 물질적 기반이 그와 높은 상관관계를 가지고, 큰 영향을 미친다는 것을 부정할 수 없을 뿐이다.

다시 부모의 역할로 돌아와, 결국 자녀들은 어느 정도 성장하기 전까지는 부모의 눈높이 너머를 보기가 대단히 어렵다. 부모가 해보지 않은 것, 부모가 전해 듣지 않은 정보, 부모가 깨달은 지혜를 넘어 터득하기 위해서는 개별적인 정보 탐색과 지적 경험을 거쳐야 하는데, 지식의 축적이라는 것이 어린 자녀가 인터넷 뉴스 몇 개를 본다고 해서 가치 있는 무언가로 꽃피기 쉬운 것도 아니고, 무수히 많은 정보 중에 이를 여과하는 능력을 본능적으로 터득하기가 쉽지도 않다. 부모가 학원을 보내거나, 선생을 붙이려고 해도, 무엇을 가르쳐야 할지부터 정해야 하니, 지적 경험이나 정보의 선택과 습득이라는 중요한 결정을 누가 어떻게 해주는가의 문제에 있어 절대로 부모의 영향으로부터 자유로울 수가 없다. 이러한 이유로 굳이 돈 문제가 결부되지 않더라도, 자녀에게 좋은 지식 체계를 펼칠 수 있도록 하고 귀중한 정보를 여과할 수 있도록 한다면, 부모로서 훌륭한 간접자본의 역할을 한다고 할 수 있다.

"결국 부모 역할이 중요하다는 얘기인가?"라고 묻는다면, 아니다. 앞서도 "돈이나 벌자."라고 마무리하지 않았듯, 여기서도 구조적 인지를 곁들여 생각해 볼 필요가 있다.

삶이 때로는 야속한 이유는 부모나 양육자, 혹은 그에 준해 나에게 영향을 줄 사람들과의 관계가 태어날 때부터 선택의 여지 없이 주어지는 것처럼 보이기 때문이다. 태어날 때부터 부잣집에서 태어나는 사람과 가난하게 태어나는 사람이 있는 것처럼, 빈곤한 지적 경험을 가진 가정과 비밀스럽지만 가치 있는 정보와 지적 자산을 공유하는 가정에서 태어나는 차이가 있으며, 이러한 현실이 갓난아기가 결정할 수 없는 출생 시점부터 존재하는 것을 부정할 수 없다.

그런데도 구태여 내가 간접자본을 콕 집어 언급하는 이유는, 내가 경험한 많은 이가 '부의 세습'을 '물질적 자본의 세습'으로 단순화하여 생각한다고 보아서다. 물론 물질적 자본의 세습은 다른 여러 풍요로움의 대물림과 긴밀한 상관관계가 있고, 칼로 무 자르듯이 그것을 해체하여 설명하기도 대단히 곤란하기는 하다. 게다가 "금전적으로 여유가 있으면, 고액 과외 받아서 좋은 학교도 들어가고, 돈 벌 시간에 견문도 넓히고, 자기들끼리 네트워킹도 하고, 자본을 운용해서 돈을 벌고, 일반인이 모르는 정보로 누릴 거 다 누리는 것 아니냐."와 같은 인터넷 커뮤니티 어귀의 뻔한 푸념은 심심치 않게 마주친다. 그렇지만 '돈 있는 사람들은 뭐든지 다 유리해.'라고 생각하고 입만 삐쭉대는 것은, 그런 구조적 인지에 접근하지 못하는 것보다야 나은 점은 있겠지만, 결국 똑같이 물질, 정보, 지식, 경험의 빈곤을 마주하고도 어쩔 줄을 몰라 그 상태를 답습하는 것에 지나지 않는다고 감히 말해본다.

　푸념이라고 표현해 부정적으로 느껴질 수는 있겠지만, 그것이 잘못되었다거나 한심하다고 생각하지 않는다. 이러한 생각을 가진 사람들이 학습된 무기력, 구조적 불평등에 희생된 피해자일 수도 있고, 그것이 부조리하다면 사회가 바꿔나가야 할 변혁의 대상이 될 수도 있다고 본다. 그렇다고 이 책에서 그런 정치적 주제를 논하려는 건 아니다. 이를 극복하기 위한 구조적 인식을 하기 위해, 또 가지게 된다면 개인이 자신의 삶을 어떻게 바꿀 것인가를 고민한 사람의 에세이니 말이다.

　따라서 가장 먼저 할 일은, 이러한 간접자본의 차이를 명확히 인지하는 것이다. 규범적 관점에서 이 세상이 어떻게 변화해야 할지는 관심 있는 사람들이 모여 고민할 일이고, 우선은 정보 자산과 지적 경험 기반의 격차가 어떤 힘을 가지는지 알아야 한다. 앞서도 역설했듯 물질적 자본뿐만 아니라 간접자본은 우리가 태어난 시점부터 성장기까지 강하게 지배하고, 어떤 이에게는 성인이 될 때까지, 어떤 이에게는 성인이 된 이후에도 한참 동안 영향을 준다. 또 어떤 이에게는 부모가 자식에게 몇 푼을 물려주느냐와 차원이 다른 차이를 만들어 주기도 한다.

그다음으로 "있는 자는 유리해."라는 인터넷의 헤비 댓글러나 쓸법한 이야기가 아니라, 거기에서 좀 더 진전된 사고를 통해 내게 주어지지 않은 기회를 비롯해 정보 자산과 지적 경험의 부재나 부족을 채워나갈 전략적 고민을 해야 한다. 이것이 구조적 인식에 기반한 건전한 사고다. 당연히 쉽지 않다. 그러나 못할 것도 없다. 때로는 인생의 모든 성과와 결과가 구조적 요소에 좌우된다고 세상을 욕하는 사람도 있지만, 부조리한 사회구조가 세상을 뒤틀어 놓을 수 있을지언정 그로부터 모든 것이 결정된다는 소리는 구조적 불평등 따위는 존재하지 않는다는 이야기만큼이나 허황하다. 물론 그 부조리함의 크고 작음에 대한 의견은 다양할 수 있다. 그러나 그게 전부가 아님은 적어도 내 수준에서라도 단언할 수 있다.

우리는 운동 경기에서 승리를 위해 작전을 짜고 실행한다. 컴퓨터 게임을 하더라도 전략을 짜고 수행한다. 국가 간 전쟁을 치르는 엄청난 일이 아니더라도, 지적 사고와 논리적 준비에 기반하는 것은 일반적으로 무지성에 바탕을 둔 행동보다는 더 나은 결과를 가져온다. 이러한 이유로 간접자본의 차이와 그 근원을 이해하는 것은, 나 스스로, 혹은 가족 구성원이 가족 단위로, 나아가 그에 준하는 유대감 있는 작은 집단으로서 작은 성공을 성취하는 데에 긍정적인 전략적 토대가 된다.

"그래서 어쩌라고?" 묻지 마라

지금까지 이야기한 내용을 정리하자면, "똑똑한 부모, 풍부한 지적 경험을 가진 부모, 혹은 귀중한 정보의 원천을 가진 부모는 자녀에게 든든한 간접자본이 된다." 정도로 요약할 수 있다. 그럼, 그러한 부모를 두지 못한 사람이라면? 빈곤을 인지하고, 그것을 채우기 위한 전략적인 사고와 실행이 중요해질 것이다.

이러한 빈곤의 특징은 '절대적으로 상대적'이다. 이 빈곤을 눈치채지 못한다고 곧장 굶어 죽지도 않는다. 아예 모르고 살면, 그런 게 있는 줄도 모른다. 그러나 상대적인 차이를 깨닫는 순간, 그것이 극복할 수 없을 만큼 엄청난 벽으로 느껴질 수 있다. 그렇다고 해서 10조를 상속받은 사람과 아무것도 물려받지 못한 사람이 그 틈을 반드시 채울 필요가 없는 것처럼, 그 차이를 좁히지 못한다고 해서 죽고 사는 문제인가 묻는다면, 그렇지는 않다. 그러나 그 간극을 알아차리고 줄인다면, 이후 삶의 풍요로움이 달라진다는 점에서 전략적 사고와 노력이 필요하다.

한편, 간접자본이라는 추상적 단어로 표현해 거창해 보일 수도 있는데, 실제로도 하잘것없는 경험과 정보의 차이에도 우리 삶은 극과 극으로 바뀐다. 예컨대, "도박하면 망한다더라."는 단순한 인식과 "도박 중독은 중증으로 이행할 경우 도파민 보상회로가 망가져 회복하기 어려운 상태에 빠지게 된다."는 지적 인식은 질적으로 다르다. 또 "영어는 어린 나이에 배우면 좋다던데." 와 "결정적 시기 가설은 명확하게 제2 외국어 습득의 황금기를 이론적으로 입증하지는 못했으나, 일반적으로 어린 나이의 폭넓고 깊은 제2 외국어 노출은 해당 언어 습득에 매우 중요하다." 에도 깊이의 차이가 있다. 더 간단한 예로, "사기꾼 조심해라."는 말보다 "내가 사기를 당해 봤는데, 사기당한 후 민·형사 조치를 해봐야 감옥에 갈 각오로 돈을 빼돌렸기 때문에 회복이 어렵더라."며 구체적 경험을 곁들이면, 정보의 구체성과 질적 차이에서 비롯되는 효과의 차이는 클 수밖에 없다.

물론 이런 정보는 인터넷 뉴스를 검색해서 읽어볼 열정만 있다면, 누구나 습득할 수 있다. 다만, 다양한 정보를 여과해 축적하는 습관과 체계적 지식으로 정리해 활용하는 방식은 사람마다 매우 다를 것이다. 순간적으로 소비될 뿐 인생에 하등 쓸모없는 정보의 유혹을 건너뛰고, 좀 더 나은 무언가를 찾고자 하는 의지에서도 많은 차이가 발생할 것이다. 그래서 설령 기구한 운명으로 가짜 뉴스에 현혹되는 부모와 함께 성장하는 자녀라도, 가정의 정보 자산 및 지적 경험 빈곤을 구조적으로 인지할 수 있다면, 더 나은 방법을 찾아 나서는 것만으로도 빈곤의 잠식으로부터 멀어질 수 있다.

안타깝게도 간접자본은 물질적 자산보다 그 세습이 훨씬 더 경제적이다. 쉽게 말해, 10조의 가치를 지닌 기업의 지배주주가 자녀에게 주식을 상속하려면 약 6조 원의 세금을 납부해야 한다. 주식으로 물납하는 조건도 까다로워 주식을 팔아 현금으로 만들기까지 한다. 이렇게 절대적으로 가진 것의 60%를 세금으로 내놓는다는 것은 그 누구에게나 엄청난 수준의 경제적 타격이다. 그러나 함께 시간을 보내며, 자연스럽게 전수되는 지적 경험과 정보 자산은, 세금을 물리는 사람도, 세금을 매길 방법도 없다. 그리고 이러한 차이는 알게 모르게 다른 형태의 부의 세습과 맞물려 공고하게 부의 흐름을 지배한다.

여기까지 설명을 듣고, '간접자본을 통한 정보 자산과 지적 경험이 세습된다는 소리인데 그래서 어쩌라고?'와 같은 물음이 생길 수 있다. 왜냐하면 간접자본이 없으면 다른 형태로 가난하다는 이야기를 굳이 길게 한 것처럼 느껴질 것이므로. 사실, 더 간단하게 정리할 수 있지만, 이렇게 세세하게 논리적으로 정리해서 풀어 쓰는 이유는 더 구체적인 의미를 전달하기 위함이다.

고백건대 나는 지금까지 "구체적으로 어떻게 해야 할지를 알려 달라."는 말을 숱하게 들었다. 주제가 무엇이 되었든 간에 많은 사람은 자신에게 무엇을 해야 할지 간단하게 지시해 주기를 원한다. 즉, 시키는 대로 할 테니, 따라 하기만 하면 무조건 되는 마법의 주문을 달라는 것이다. 여기에 대해서는 이 책 뒷부분에서 개인적인 경험담으로 충분히 늘어놓을 테지만, '간단하고, 구체적인 답변'을 얻어, 그걸 따라 해서 효과를 누리려는 사고방식은 내 자녀에게만큼은 절대로 갖지 못하게 할 것이다.

대체로 "이것만 따라 하면 됩니다.", "이렇게만 하면 무조건 될 수밖에 없습니다." 식의 내용이 잘 팔린다. 대중을 쉽게 유인할 수 있고, 기대감을 심어준다면, 쉽게 지갑을 열게 할 수도 있다. 어쩌면 이 책도 그런 방식으로 마케팅이 되어서 독자들에게 구매 욕구를 불러일으킬 수도 있다. 그러나 내가 내 자녀의 든든한 간접자본으로 기능하고자 한다면, 그런 형태로 포장된 무언가를 쉽게 믿지도, 그걸 누군가에게 달라고 요청하지도 말라고 교육할 것이다. 꼭 이런 질문을 하는 이들의 부모님을 험담하는 것 같기도 하지만, 그런 의도는 아니다.

각설하고 나는 "그래서 어쩌라고?"라는 질문에 "그러면 이것만 해라!"라고 답변해줄 생각은 전혀 없다. 그렇게 해서 책 몇 권 더 팔 생각도 없다. 작가로서의 자존심 따위를 얘기하려는 것이 아니다. 그저 그런 방식으로 답을 구하려는 사고가 정보 자산과 지적 경험의 확충을 통해 풍요에 도달하는 사람들과의 사고방식과는 정반대의 길에 서 있어서다.

여기까지만 해도 외부적 환경과 물질적 기반이 개인의 사고방식에 순환적으로 영향을 미친다는 나의 인식과 물질적 여건뿐만 아니라 그 외에 개인에게 주어진 간접자본이 삶의 궤적에 엄청난 영향을 준다는 논지를 충분히 풀어낸 것 같다. 그래서 이후에는 다시 편안한 마음으로, "그래서 어쩌라고?"라는 질문에 독자들이 스스로 답변을 찾을 수 있도록 도움이 되었으면 하는 마음에서 적어내는, '내가 이걸 미리 알았더라면' 싶은 이야기들을 경험에 기반해 한 귀퉁이씩 적어내도록 하겠다.

나는 당신의 가족도, 스승도 아니지만, 고작 30대에 불과한 젖먹이의 아빠가 나름대로 만들어 놓은 간접자본이 글로나마 전해졌으면 한다.

PART 2

거친 사회로부터
스스로를 지키는
의심이라는 무기

부모를 존중하되
이겨라

간접자본과 대물림에 관한 내용을 꺼냈으니 부모의 이야기를 빼놓을 수 없다. 여기서 질문 하나 하겠다. 당신은 부모님을 사랑하는가? 혹은 존경하는가? 나는 이 두 질문에 긍정할 수 있으나, 모든 사람이 그럴 것으로 생각하지는 않는다. 부모와 자식 간 사랑은 원초적이면서도 생물학적인 근거가 있지만, 간혹 뉴스를 통해 우리 눈살을 찌푸리게 하듯 서로 법정 다툼을 하기도 하고, 심하게는 싸우고, 죽이기도 한다.

한편, 인간은 진화 과정을 거쳐 직립보행을 하게 되면서 산도가 좁아진 반면, 뇌가 고도로 발달해 머리가 커져서 인간 신생아는 다른 포유류에 비해 발달이 덜 된 상태로 태어난다고 한다.

이러한 이유로 인간은 사람 구실을 할 때까지 시간도 오래 걸리고, 어린 시기에는 기본적인 생명 유지를 하려면 부모에게 절대적으로 기댈 수밖에 없다. 나도 갓난아기를 낳아 키워보니, 어린 아이에게 부모의 역할이란 절대적이다. 부모가 방치하면 생명을 잃을 수밖에 없는 신세이기 때문이다.

설령 혼자서 생명 유지 활동을 얼추 흉내 낼 수 있는 시기가 되더라도, 산업 구조가 고도화되고, 배울 내용이 많아짐에 따라서 인간은 청소년기에도 부모에게 상당 부분을 의존하며, 이제는 청년기 일부도 부모의 힘을 빌린다. 그로 인해 성인이 되어서도 부모에게 경제적으로 매달리는 젊은이들을 일컫는 '캥거루족'이라는 용어도 생겼다.

이로 말미암아 동서고금을 막론하고 가족의 울타리와 가정교육의 기초는 아이가 바라보는 우월적 존재인 부모의 권위로부터 비롯되었다고 할 수 있다. 최근 아이를 동등한 인격체로 보고, 대우해 주려는 경향이 커진 듯하지만, 미숙함을 벗어나기까지 상당한 시간이 필요한 인간에게 있어 부모의 보살핌이 갖는 힘과 중요성은 여전하다고 본다. 그리고 이런 보살핌이 자연스럽게 부모에 대한 존경과 사랑으로 이어지는 것은 축복이다. 개인적으로 나는 존경할 수 있고, 사랑할 수 있는 부모를 만나서 행운이라고 생각한다. 그렇다고 살면서 우리 부모님은 이런 사람이라고 남들 앞에 내세워 자랑해 본 적이 있는 것은 아니다. 게다가 우리 어머니는 그럴 만한 배경을 만들어 주지 못해 미안하다고 하곤 했다. 하지만 특별한 경제적 어려움 없이 배려와 헌신으로 나의 성장기를 만들어 주었다는 점에 감사하고, 존경받아야 마땅하다고 생각한다. 그러나 이런 바람직한 존경과 사랑이 자식이 부모의 삶을 표본으로 살아야 하는 이유가 되는 것은 아니다. 다시 말해, 부모를 존경하고 사랑하는 마음이 있다 하여, 부모와 같은 삶을 살 이유는 없다는 뜻이다.

우리는 흔히 좋고 싫음의 감정과 다른 가치 판단의 영역을 혼동한다. 내게 친숙하고, 좋아하는 것과 나의 발전에 도움이 되고, 바람직한 것이 다를 수 있는데, 그것을 명확히 분간하기가 쉽지 않아서다. 아니, 이것은 쉽고, 어려운 문제라기보다는 굳이 주의를 기울이지 않게 되는 문제에 가깝다.

그 대표적인 모델이 부모와 자녀 관계다. 아이들은 태어나면서 자연스럽게 부모와 오랜 시간을 함께 보낸다. 그리고 그들에게서 전해 듣고, 그들과 함께 경험하는 것이 세상의 대부분이 된다. 그러다가 청소년기와 청년기를 거치며, 더 넓은 사회적 경험과 지식을 체득함으로써 부모와 생각이 엇나가기도 하고, 자신만의 주관을 다잡아 나간다. 그런데도 부모의 영향에서 완전히 자유로워질 수 있는 것은 아니다. 꽤 오랜 기간 부모와 부대끼며 생활하면서 자기 자신도 모르는 사이 사고방식, 삶의 방식, 세상을 바라보는 시각 등을 닮게 되니까.

이는 유년기와 청소년기에 일시적으로 반짝 작용하기보다 평생에 걸쳐 삶의 큰 궤적에 영향을 주는 요인이다. 이유인즉 부모가 이른 시기부터 자식에게 보여주는 삶의 경험은 매우 강렬하고도 진하게 각인되고, 자녀가 이렇게 각인된 틀 밖의 세계를 경험하고, 체험해 넓혀나가는 데에는 상당한 시간을 투자해야 하기 때문이다. 그리고 때로는 그것을 넓혀나감에 있어서 아주 큰 용기가 필요하기도 하고, 어떤 이들은 부모가 경험한 삶의 영역 안에 머무는 것을 선호해 영영 그 밖으로 나갈 시도조차 하지 않기도 한다. 같은 맥락에서 나 역시 전문직에 종사하며 사업체를 운영하고 있지만, 만약 내 부모님의 직업이 각각 기업 연구원과 교사가 아니었다면, 삶의 궤적이 많이 달라졌으리라 확신한다.

이것이 부모가 자녀를 옴짝달싹 못하게 속박하고, 그들이 자신의 틀 안에 자녀를 맞추려 하므로 반드시 극복해야 한다는 말은 아니다. 오히려 부모들의 마음은 대부분 그와 반대가 아닐까 싶다. 한마디로 자녀가 당신들보다 나은 삶을 살기를 원하고, 더 좋은 여건에서 행복을 누리기를 바란다. 그리고 이미 세상이 험하고, 먹고살기가 마음만큼 쉽지 않다고 깨달은 부모들은 본인이 겪은 불행보다는 더 작은 불행을 겪었으면 할 것이다.

이런 진심이 가득함에도 불구하고, 부모 입장에서 경험하지 못한 세상과 자신이 끝까지 책임질 수 없는 미지의 삶의 선택지를 자녀에게 제공하기란 대단히 어려운 일이다. 또 이는 자연스러운 일이기도 하다. 자신이 경험하지도 못했고, 책임질 수도 없는 것인데, 그것에 대해 무엇을 안다고 자기 삶의 일부와도 같은 가장 소중한 자녀에게 이러쿵저러쿵 이야기할 수 있겠는가?

당연히 모든 부모는 어느 시점까지는 자신의 자녀들보다 더 영리하고, 강하며, 삶에 유용한 경험을 갖추고 있다. 이러한 이유로 기본적인 생명 활동조차 홀로 해낼 수 없는 자녀를 키우다 보면, 미숙한 점만 눈에 띄고, 항상 챙겨주어야 할 것만 같다. 우리 어머니도 마찬가지다. 나는 다른 사람들이 해결 못하는 골치 아픈 문제를 대신 처리해 주는 직업을 가지고 있음에도, 우리 어머니는 아직도 내 걱정만 한다. 이것만 봐도 부모 눈에는 자기 자식이 최고이지만, 동시에 늘 어딘가 불안하고, 부족해 보이기도 하는 역설적인 존재임은 분명하다.

그렇기 때문인지 나는 많은 사람이 부모가 그려놓은 삶의 틀과 시각에 자연스럽게 자신을 맞추고, 한계를 설정하는 모습을 많이 목격했다. 더불어 아이러니하게도 겸손을 미덕으로 여기는 우리 사회 분위기와 맞물려서인지 "너는 안 돼."라는 소리를 가장 먼저 듣는 것도 부모로부터다. 대부분 그것은 진심 어린 조언이자, 걱정의 충고일 것이다. 그러나 그것이 계산된 추론이자, 논리적 결론인지는 의문을 가질 필요가 있다. 자녀의 삶과 관련한 판단에 감정이 섞이지 않을 부모는 많지 않기 때문이다. 그리고 자신이 자녀를 잘 알고 있다는 자신감, 때로는 착각이 개입되는 순간, 정확한 정보에 입각해 좋은 방향으로 이해하려는 노력이 부족해지기도 한다. 이 현상은 자녀와 보낸 오랜 시간을 바탕으로 "내 아들은 혹은 내 딸은 이런 사람이다."와 같은 유형의 일정한 노선의 판단을 내리는 모습으로 나타나기도 한다.

그런데 자식 이기는 부모가 없다고는 하지만, 대부분의 자식이 부모를 이겨내야 하는 이유가 바로 여기에 있다. 싸워서 이기라는 밑도 끝도 없는 이야기가 아니다. 자기 삶에서만큼은 부모의 판단에 의지하기보다 당사자가 더 좋은 판단을 할 수 있어야 한다는 말이다. '삶에 대한 판단'이라고 해서 너무 거창해 보이지만, 그것은 삶에 대한 시각이나 철학과 같은 큰 개념일 수도 있고, 아주 사소하지만 실용적인 영어 단어 학습 방법이 될 수도 있다. 이처럼 방법을 찾다 보면, 어떤 부분에서는 분명 자녀가 부모를 넘어서게 되어 있다. 그러므로 모든 삶의 영역을 부모에게 의존하겠다는 생각은 버리는 것이 좋다. 지나치게 의존하기 시작하면, 합리성을 바탕으로 인생을 개선할 기회를 놓칠 가능성이 높기 때문이다.

실로 감히 쓰기 두려운 표현이지만, '평균'의 정의를 '대략 중간 정도'라고 한다면, 50%의 부모는 평균 이하다. 그렇다고 부모를 사랑하고, 존경하지 말라는 것이 아니다. 나와 피를 나누고, 눈도 못 뜨는 나를 거두어 먹이고, 재우고, 키워준 이를 사랑하고, 나에게 베푼 희생과 노고에 대해 존경을 표하는 것과 그들의 판단을 비판 없이 수용하는 것은 전혀 별개의 문제다.

응당 떼려야 뗄 수 없는 미묘한 관계에서 감정을 깔끔히 분리해 내는 실천이 쉽지만은 않다는 걸 모르지는 않는다. 이것이 꼭 가정 내에서만 벌어지는 양상도 아니다. 오랜 세월 우리나라에 스며있는 유교 문화에 따라 예의범절과 어른에 대한 공경을 비롯해, 부지불식간에 '상급자', '어른'이 내린 판단을 수용하고, 지시에 복종하는 것이 어색하지 않은 사회이니 말이다. 굳이 우리 문화권이 아니라도 부모와 자녀 관계는 어느 정도 위계적일 수밖에 없다.

당신을 사랑하는 마음에서 나온 조언이나 판단조차도 의심해 봐라

부모를 이겨야 한다느니, 부모가 평균 이하라느니, 이 같은 다소 불편한 이야기를 꺼낸 이유가 있다. 위계질서나, 부모로부터 주입된 삶의 방식이 관성적으로 작용해 자녀의 삶이 힘들어지거나, 제대로 꽃피지 못하는 사례를 보았기 때문이다. 이런 얘기는 익명 커뮤니티에서도 발견되고, 연예인들의 하소연에서도 심심치 않게 들을 수 있다. 대체로 어려운 집안 형편에 개의치 않고, 본인 삶의 방식을 고수하는 부모로부터 지시 혹은 부탁을 받아, 자녀가 나쁜 사태에 휘말린다는 스토리다. 나 또한 실생활에서 직접 목격하기도 했다. 개인적으로 웬만하면 주제넘은 충고를 하지 않지만, 그때는 냉정하게 생각나는 그대로 말해주곤 했다.

예컨대, 부모가 사업 실패로 감당하지 못하는 큰 부채를 안고 있다고 해보자. 우리나라는 '채무자 회생 및 파산에 관한 법률'이라는 훌륭한 법률을 두고, 체계적으로 도산제도를 운용하고 있다. 이외에도 다양한 채무 조정 방안이 있다. 자식 된 입장에서 합리적인 대안은, 부모가 재정적으로 어려움을 겪는다면, 제도적 구제 방안을 고심하고, 다른 가족들이 채무에 휘말려서 삶의 수준이 낮아지거나 금전적 피해를 보지 않게 대비하는 것일 테다. 하지만 부모의 빚을 대신 메꿔주는 가엾은 자식들의 이야기를 당신도 들어보았을 것이다. 나를 키워준 부모님이 시키니까, 가족이 부탁하니까, 그 외에도 가정마다 여러 사연이야 있겠지만, 부모와 자식 간의 관계라는 특수한 사정이 정확한 정보에 의한 올바른 선택을 하지 못하도록 가로막는 경우가 부지기수다. 쉽게 말해, 때로는 부모와 자식 간의 위계 때문이고, 때로는 부모에 대한 사랑과 존경을 그릇된 판단의 준거로 삼아서이며, 때로는 부모가 대신 해준 판단에 관성적으로 응답했기 때문이다.

너무 극단적인 사례를 들었는데, 좀 더 가벼운 문제에서도 다르지 않다. 내가 중학교 1학년 정기고사를 준비할 때 어머니는 내게 "눈으로만 읽지 말고, 쓰면서 해야 공부가 된다."라고 했다. 어머니의 조언에 담긴 진심과 사랑에는 의심의 여지가 없었지만, 결론적으로 이는 나에게 절대적으로 잘못된 정보에 가까웠고, 이를 무비판적으로 수용함에 따라 많은 시간을 낭비했다. 어머니를 사랑하지만, 틀린 건 틀린 거다.

결국 어떤 부모든 자신의 눈높이를 넘어선 무언가를 보여줄 수 없다는 것은 자식이 더 좋은 정보에 따라 더 나은 판단을 언제든 할 수 있다는 가능성을 시사하기도 한다. 그리고 옛날과는 달리 그 시기는 앞당겨지고 있고, 그럴 수 있는 분야도 더 다양해지고 있다. 부모가 살아온 시대에 비해 많이 달라졌고, 지금도 빠르게 변하고 있으며, 부모가 전혀 경험해 보지 못한 세상이 새로 펼쳐지며, 부모와 자식이 동시에 새로운 경험을 하고 있으니 말이다.

간접자본에서 빼놓을 수 없는 부모 이야기를 계속하고 있는데, 이는 권위적인 조언이나 판단 전반에 적용되는 내용이기도 하다. 때에 따라서는 부모의 말보다 권위적 조언과 판단에 더 강하게 복종하고, 무비판적으로 이를 수용하기도 하니까. 가장 대표적인 예로, 청소년기에 만나는 선생님의 영향을 들 수 있다.

내게도 그런 이들이 있었다. 대치동에서 동작구 산꼭대기 학교로 전근을 와서는 대치동 아이들의 유창한 영어 실력과 완벽한 사교육으로 인해 내가 다니고 있는 학교 학생들은 경쟁조차 안 된다고 한참 떠들던 선생님, 수업 시간에 뜬금없이 옆 동네 집값이 얼마나 많이 올랐는지 열띠게 늘어놓던 선생님, 아무리 생각해 봐도 잘못된 공부법을 강요하던 선생님까지. 그들은 모두 나에게 친절한 사람이었지만, 그와는 별개로 나에게 전달한 정보의 가치는 형편없었다.

당연히 모든 정보와 판단을 스스로 검증해 볼 수는 없다. 그러나 일단 얼마나 믿을 만한 정보이고, 판단인지를 의심해 보는 자세는 좋은 출발이다. 우리는 어느 시점까지는 주는 대로 먹고, 시키는 대로 하며, 가르쳐준 대로 이해한다. 그러나 어느 시점부터는 무엇을 배우고, 무엇을 실천할지 결정할 수 있게 된다. 가장 이해 상충이 없는 것처럼 보이는 부모가 주는 지식과 정보일지라도 비판적으로 검토할 필요가 없는 것은 아니다. 그러므로 자식 이기는 부모 없다고는 하지만, 적어도 더 나은 삶을 위한 판단의 영역에서는 자식이 더 빨리, 더 많이 이기는 것이 바람직하다.

당신이 부모를 사랑하지만 존경하지 않거나, 사랑하지 않지만 존경은 하거나, 혹은 둘 다 아닐 수도 있다. 부모를 사랑하고, 존경하는 나도 이럴진대, 망설일 것도 없이 한번 가늠해 볼 일이다. 내가 나도 모르는 새에 물려받은 그것이 내 자산인지, 혹은 탕감해야 할 부채인지와 더불어, 부모가 주입하는 삶의 방식이 과연 내 성장 잠재력에 맞는 풍부한 영양소를 갖춘 것인지.

어르신들의 말을
귀 기울어 들어라

지금까지 이 세상 부모님을 욕보인 것 같아 불편한데, 부모님 말씀을 듣지 말라는 소리가 아니라, 적정선에서 더 나은 선택을 하라는 조언으로 이해해 주면 좋겠다.

한편, 나는 아버지를 일찍 여읜 연유로 살아가는 데 있어서 아버지한테서 꼭 들어야 할 얘기를 많이 듣지 못했다고 여기는 편인데, 설령 들을 수 있었다 하더라도 "친구 잘 사귀어라.", "오토바이 타지 마라.", "사기꾼 많으니 조심해라." 따위와 같은 온통 꼰대 같은 내용이었을 테다.

물론 이런 말은 다른 사람으로부터 듣지 않은 바가 아니라서,

아버지가 살아 계셨더라도 귀담아들었을지는 미지수이기는 하지만, 누가 어떻게 말해주느냐도 중요하므로, 아버지에게서 들었다면, 혹은 심지어 두들겨 맞아 가면서 들었더라면 좋았겠다 싶은 생각마저 있다. 비록 '꼰대'라는 표현을 사용하기는 했지만, 그 조언을 나 스스로 뼈저리게 깨닫고 나서는 아차 싶을 때가 종종 있었다.

나는 어르신들이 하는 말이 꽤 자주 틀리는 편이라고 생각하므로 마냥 그들의 이야기를 금과옥조로 떠받들라는 소리는 절대 하고 싶지 않다. 그러나 편견으로 똘똘 뭉친 듯한 고리타분한 발화에도 지나치지 말아야 할 알맹이가 숨어있다는 것만은 분명하다. 왜냐하면 위에서 옛 어르신들의 대표적인 조언으로 "친구 잘 사귀어라.", "오토바이 타지 마라.", "사기꾼 많으니 조심해라."를 예시로 들었는데, 이를 귀 기울여 듣지 않음으로써 불과 나이를 몇 살 먹지도 않았는데도 이마를 '탁' 치게 하는 경험을 하다 보니, 뻔해 보이는 말도 흘려보내서는 안 되겠다는 깨달음을 얻어서다. 사실, 내가 지나가는 20대 초반 아무개를 붙잡아서 "옛말에 어르신들 말씀에 틀린 게 없대요."라고 지껄인들 콧방귀나 뀌는 사람이 있을까 싶은데, 나도 크게 다르지 않은 시기를 거쳤던 것 같고, 내가 놓친 것 중 후회하는 부분이 분명히 있기에 나와 같은 실수를 하는 사람들이 없었으면 하는 것이다.

하나하나 설명해 보자면, 친구를 잘 사귀라는 말은 학창 시절에 많이 들었는데, 한번은 이 얘기를 해주는 선생님에게 대들었다가 따귀를 맞아 안경이 날아가기도 했다. 당시에는 정말 분하고, 납득할 수 없는 내용이었지만, 이야기의 알맹이를 시간이 지나서 피부로 느끼게 되었다. 그 선생님이 꼰대였다는 생각에는 변함이 없지만, 굳이 그런 불편한 말을 왜 했을지 지금 돌이켜보면, 내가 보지 못한 것을 봤거나, 경험을 통해 내린 자기만의 판단이 있었을 것이고, 내가 그 순간에 그것을 구태여 받아들이기를 원치 않았을 뿐인 듯하다.

그런데 그 선생님이 내게 그러한 이야기를 했던 상황과는 구체적으로 전혀 다른 맥락이었지만, 후에 성인이 되어서야 결국 '친구를 잘못 사귀었다.'라는 생각이 들 정도의 상황을 겪었고, 그제야 "친구를 잘 사귀라."는 뼈있는 말의 의미를 스스로 받아들이게 되었다. 내가 친구라고 여겼던 사람을 두고 '잘못 사귀었다.'라는 생각이 들 정도로 큰 심경의 변화와 부정적인 감정과 마주한 사건들이 있었기 때문이다. 이에 이제는 "친구를 잘 사귀라."라는 짧은 한마디지만, 그 깊숙한 곳에는 나쁜 친구들과 어울려 잘못된 것을 보고, 배우고, 선택하게 되는 순간, 삶에 비가역적인 손상이 올 수 있다는 함의가 담겨 있음이 읽힌다.

이와 관련해 변호사가 되어 형사 사건을 다루다 보면, 이른바 '우리 애는 착한데 친구를 잘못 사귀어서'식의 핑계와 마주하는 경우가 적지 않다. 이때 '끼리끼리 어울리는 거지.'라는 옛말을 생각하며, 똑같은 사람들끼리 만나 똑같은 짓을 한 것 아니냐고 반문할 수 있지만, 반은 맞고 반은 틀린 소리다. 친구를 잘못 사귀면, 어느새 물들어 그 친구랑 비슷한 사람이 되고, 그 후에 끼리끼리 어울리는 모양새가 되는 수가 있으니까. 그러니 "친구 잘 사귀라."라는 이야기는 내가 이해하는 수준에서는 절대로 "잘나가는 친구 사귀어서 덕 좀 보라."는 맥락보다는 오히려 "잘못된 놈 만나면 같이 신세 망친다."에 가깝다. '근묵자흑近墨者黑'이라는 사자성어도 있잖은가.

내 글이 너무 꼰대 같아지는 것 같아서 가슴이 아프지만, 한때 친구였던 일부 사람들과 시간을 보내면 보낼수록 인생이 잘못되어 간다는 것을 느끼고, 절연하면서 느낀 솔직한 생각이다. 지금 과거의 내게 조언할 수 있다면 더 빨리, 더 냉정하게 판단하라는 이야기를 꼭 해주고 싶다. 꼰대 같은 조언이나마 따를 수 있다면 훨씬 좋은 충고이므로.

"오토바이 타지 말라."는 또 어떤가? 개인적인 경험담을 들려주자면, 나는 지하철역에서 학교까지 뛰어가기 힘들다는 이유로 고등학교 2학년 때 스쿠터를 구매한 것을 시작으로 결혼하기 전까지 13년 동안 오토바이를 탔다. 고등학교 시절에는 담임 선생님에게 적발돼 바로 팔라는 지시를 받고도 끝까지 버텼다. 심지어 오토바이를 타며 수도 없이 넘어졌다. 죽을 뻔한 적도 있다. 가장 아찔했던 사고는 헬멧을 쓰고 있었음에도 측두골에 금이 갔을 때다. 그러고도 정신 못 차리고 몇 년을 더 타다가, 결혼을 하면서 마침내 오토바이를 인생에서 지웠다.

사실, 오토바이는 재수 없으면 죽기에 딱 좋다. 당시에는 시간이 아깝다고, 비가 오나 눈이 오나 타고 다녔는데, 이제 돌이켜 보면 당사자인 나조차도 왜 그랬는지 도무지 이해가 안 된다. 그러니 오토바이 타지 말라는 조언은 귀담아들어도 절대 손해 볼 것이 없다. 머리를 한 번 깨져본 내 입장에서는 내 아이가 탄다면, 내가 아이 머리를 깨서라도 말리고 싶을 정도다.

다른 구체적인 어르신표 조언의 예시 중 하나인 "사기꾼 조심하라."라는 이야기에 대해서는 할 말이 많아서 이후에도 한참을 거론할 텐데, 이 조언을 뼈에 사무치게 새기지 않은 여러 사람이 보이스 피싱을 비롯한 각종 피해를 당하고, 고통받고 있다. 중고 물품 거래처럼 단순하게 기분 상하고 끝나는 사기가 있는가 하면, 인생을 송두리째 망가뜨리는 사기도 있는데, 그 사례가 적지 않다. 또 직접 겪어보지 않으면 사기를 당한 후, 정확히 어떤 일이 일어나는지 상상하기도 쉽지 않다.

그런데도 사기꾼 조심하라는 말이 많은 사람에게 와 닿지 않는 이유는, 사기가 많다는 사실을 이미 알고 있다는 생각 때문일 것이다. 그러나 이러한 간단한 조언의 밑바탕에는 한번의 사기만으로도 인생이 한순간에 무너지는 비가역적인 손실과 고통을 맛볼 수 있다는 강한 경고의 메시지가 깔려 있다. 요즘이야 보이스 피싱을 비롯한 각종 사기가 기승을 부린지가 한참이 되어서 "사기 쳐도 못 잡는다.", "사기는 친 놈이 습관적으로 또 친다." 같은 소중한 경험담이 함께 전달되지만, 이런 조언을 사기를 당해보지 않은 사람들이 얼마나 깊이 새기는지는 알 수 없다.

나 또한 '구속될 생각으로 사기를 치는 사람들이 얼마나 있겠냐.'고 생각하는 순간, 사기꾼이 찾아왔다. 숱한 사기꾼을 직접 고소하고, 처벌받게도 하고, 사법 절차 외에서 면박도 주고, 민사적으로 대처도 해보았지만, 어떤 틈에 사기가 일어나는지 안일하게만 짐작했고, 사기꾼이 우리 주변에 늘 있다는 깨달음이 부족했다는 사실은 큰 공백으로 작용했다. 그저 '어르신들 말씀 조금 더 깊이 새길걸.'이라는 생각이 절로 들게 하는 일련의 인생 수업을 실제 체험학습으로 배우며, 아까운 시간과 돈을 낭비했다.

앞에서는 부모님 말씀도 듣지 말라고 하다가 지금은 왜 어르신들 말 잘 들으라고 하느냐며 반문할 수도 있겠다. 그런데 두 의견이 전혀 동떨어진 내용은 아니다. 앞서 한 이야기의 핵심은 자신이 긁어모은 정보와 냉철한 판단으로 합리적인 결론을 도출하라는 것이며, 그것이 부모와 자식 간이라고 해서 예외가 될 수 없다는 뜻이다. 다시 말해, 나에 관한 가족 내의 의사결정이 나의 더 나은 삶을 위해서라면, 더 좋은 정보와 좋은 판단력을 가지고 있는 사람이 그 결정을 해야 하고, 심사숙고해 보았을 때, 부모님이 그렇게 해주지 못한다면 나 스스로 끌고 나가야 하는데, 그렇게 할 수 있는 여지가 적지 않음을 역설했다.

그러나 세상의 어떤 일은 경험하지 못한 채로 수집한 정보에만 근거해 합리적 결론을 도출하려고 해도 잘되지 않는 것이 있다. 그 이유로는 충분한 정보가 없어서, 판단의 주체가 충분한 시간을 갖지 못해서, 혹은 단 한번의 실패가 가져오는 비가역적인 손실이 너무 커서 경험하는 것이 큰 의미가 없는 등의 경우가 있다. 예컨대, 크게 사기를 당하면 어떻게 되는지 직접 경험해본답시고 전 재산을 사기당해 볼 수는 없는 노릇 아닌가.

이처럼 모든 것을 직접 경험해 볼 수는 없다. 시간이 오래 걸리기도 하고, 사안에 따라서는 감당할 수 없는 위험도 따르기 때문이다. 한편, 어떤 경험은 간접적인 경험만으로도 충분하다. 항목을 나누어 교조적으로 선을 그어줄 순 없지만, 똥인지 된장인지 꼭 찍어 먹어 봐야만 알 수 있는 것은 아니다. 다만, 실제로 똥과 된장은 아주 다르게 생겼지만, 삶에서 마주치는 비슷한 문제는 꼭 그렇게 구분이 명확히 되지는 않는다는 게 함정이다. 그때 그것이 똥이라고 가르쳐주는 조언은 일반적인 '잘되라고 하는 조언'과는 다소 성격이 다르다. 그보다는 큰 곤란과 불행을 겪지 말라는 걱정에서 비롯된 것으로 볼 수 있겠다.

고백건대 나는 똥인지 된장인지 꼭 직접 찍어 먹어 보려고 하는 습성을 가지고 살아왔다. 많은 사람이 나와 비슷하겠지만, 특히 우리 집은 똥을 찍어 먹지 말라고 야단법석을 떨 누군가가 없었다. 그로 인해 여러 차례 똥을 찍어 먹어 보고, 직접 구역질도 해보고 나서야 이 책을 쓰고 있다.

당연히 똥은 찍어 먹어 볼 필요 없이 애초에 피해야 한다는 결론이다. 그래서 책의 나머지 상당 부분은 당신이 나와 같은 실수를 반복하지 말았으면 하는 마음으로, 내가 듣지 못했던 그 조언들을 녹여냈다.

세상은
사기꾼 천지다

세상에 사기꾼이 많다는 사실을 모르는 사람이 있을까? 경찰청과 금융감독원이 나서서 보이스 피싱 예방 캠페인도 벌이고, 광고까지 하는데, 사기꾼 조심하라는 말을 에세이에서 다뤄야 할까 싶기도 하지만, 대부분의 사람이 생각하는 것보다 사기의 세계는 넓고 심원하다. 아직 당해보지 않았거나, 피부로 와 닿지 않는다면, 그간 운이 좋았던 것일 뿐, 절대 가볍게 생각해서는 안 된다.

사람들의 입에 사기라는 말이 오르내릴 때, 그 구체적 의미는 맥락에 따라 다소 차이가 있을 수 있다. 좁게는 형사적으로 처벌받는 사기죄, 넓게는 형사적으로 처벌받지는 않더라도 부도덕한 방법을 쓰거나, 사람을 속여서 이익을 편취하는 행위 일체를 일컫는 것일 테다. 여기서 사람을 속여서 이익을 취하는데, 형사적으로 처벌을 받지 않을 수가 있냐며 의아해할 수도 있겠다. 그런데 당연히 가능하고, 그것이 내가 굳이 사기라는 내용을 더 다루는 이유이기도 하다.

형법상 사기죄는 '사람을 기망하여 상대방의 착오 있는 의사를 이용, 재물의 교부를 받거나 기타 재산상의 이익을 취득하는 범죄'로 정의한다. 쉽게 말해 사람을 속여서 물건이나 돈을 받아내거나, 재산상 이익을 취하면, 사기죄로 처벌할 수 있는데, 형법 제347조 제1항에 따라 10년 이하의 징역 또는 2,000만 원 이하의 벌금이 부과된다. 또 특정경제범죄 가중 처벌 등에 관한 법률에 따르면, 이득액이 5억 원 이상 50억 원 미만일 때는 3년 이상의 유기징역에 처하며, 이득액이 50억 원 이상일 때는 무기 또는 5년 이상의 징역에 처한다.

여기서 놀라는 사람이 많을 듯하다. 무기징역을 선고받을 수도 있는데, 사기꾼이 판을 치니 말이다. 하지만 정작 내 피 같은 돈을 들고 도망간 사람이 잡히면, 당장이라도 죽여야 할 것 같고, 오래오래 감옥에 가둬둬야 할 것 같지만, 법은 사기꾼들을 그렇게 단죄하지 않는다. 세상에 많고 많은 흉악한 범죄 중에 사기 범죄는 한 꼭지를 차지하고 있을 뿐이고, 피해액이 크면 위와 같이 가중 처벌하는 규정이 있기는 하나, 그렇게 얼렁뚱땅 적용할 수 있는 것이 아니기 때문이다. 법률 서적이 아니라서 미주알 고주알 따지며 자세히 적지는 못 하지만, 결론은 검사가 까다로운 절차를 거쳐서 사기꾼의 사기 행위를 입증해야 해서 '사기를 쳤으니 벌을 받아야지.'라는 단순한 기준에 의해 피해자가 기대하는 처벌이 이루어지는 것이 아니란 말이다. 국가형벌권 발동은 훨씬 더 까다롭고 절제된 방식으로 작용한다.

나의 직업 영향으로 많은 사기 사건을 다루면서 고소도 하고, 방어하는 입장에서 대응도 해보았다. 그런데 누가 보더라도 사기가 분명한 사건일 때도 있는 반면, 당사자 간 금전적인 갈등에 불과한데도 사기 고소가 난무하기도 한다. 이렇듯 사안마다 사연은 제각각이겠지만, 두 가지만은 분명히 일러두고 싶다.

첫째, 사기 피해자가 생각한 만큼의 형벌이 주어지지 않는다는 부분이다. 내가 직접 경험한 몇몇 사례를 들려주자면, 공문서를 위조해 담보가 있다며, 1억 5,000만 원의 돈을 빌려 가는 방식으로 사기를 친 경우와 같은 방식으로 7,000만 원의 돈을 빌려 간 경우 모두 징역 6개월이 선고되었다. 피해자와 합의도 전혀 되지 않았다. 게다가 그 돈을 모조리 탕진하여 피해 회복도 되지 않았다. 이런 방식으로 표현하는 것을 좋아하진 않지만, 6개월 징역살이를 이 사람들 직업이라고 치면, 한 사람은 연봉 3억, 한 사람은 1억 4,000만 원을 번 셈이다.

이러한 현실에서 사기의 재범률은 굉장히 높고, 잡히면 들어갔다 나온다는 생각으로 직업처럼 사기를 치는 사람이 매우 많다. 그들은 조직을 이뤄서 사기를 치고, 걸리면 법정에서 열심히 자신을 방어하고, 징역형이 선고되면 으레 받아들인다. 그 사이에 피해자는 우후죽순 늘어나고, 자신이 입은 피해의 무게에 비해 보잘것없는 사기꾼의 선고형을 보며, 한번 더 괴로워한다. 10년 고생해 모은 돈을 빼앗겼다고 해서 사기꾼에게 징역 10년이 선고되는 것도 아니니까 말이다. 이렇게 국가형벌권이 피해자의 복수를 대신해 준다고 하더라도, 대부분 성에 차지 않음을 명심해야 한다.

둘째, 사기 피해 회복이 절대로 쉽지 않다는 점이다. 사기 범죄자들이 집행유예를 받거나, 형량을 줄이려고 피해자들과 합의를 시도하는 경우가 적지는 않다. 그러나 애초에 돈에 영혼을 팔아서, 돈이 좋아서 사기를 친 것이라서 사기로 번 돈을 모두 내놓는 사기꾼은 많지 않다. 심경의 변화가 와서 감옥에만 안 가면 모든 것을 다 포기할 수 있다는 생각이 아니고서야, 피해자가 입은 피해를 전부 변제해 주겠다는 사기꾼을 찾기는 드물다고 봐도 무방하다.

　사기꾼이 다수의 피해자를 상대로 사기를 쳤을 때, 재판에서 무엇이라도 할 말이 있으려면 피해자들과 합의를 보는 것이 좋기는 하다. 그런데 여기에도 순서가 있다. 공소장에 기재된 피해자 가운데 피해 금액이 큰 사람들 중심으로, 그중에서도 협의를 원하고, 연락이 원활한 사람들을 대상으로 합의가 이루어진다. 변호인들이 합의를 대신 봐주거나, 합의 방향을 지도해 주니, 그들의 기준이기도 하다. 이 말은 피해를 봤는데도, 내 사기는 수사 대상이 되지 않을 수도 있고, 다른 피해자에 비해 금액이 적어 관심을 받지 못할 수도 있다는 뜻이다. 그래서 사기를 당했는데 사기꾼이 돈을 싸 들고 와서 합의를 보겠거니 하는 것은 있을 수 있는 시나리오긴 하지만, 그럴 것이라고 그저 믿는다는 건 대책 없는 생각이기도 하다.

　'그렇다면 민사 소송을 통해 사기꾼에게 직접 돈을 받아내면 되지 않을까?' 하며 민사 소송 계획을 고려해 보기도 할 것이다. 만에 하나 해당 절차를 경험 삼아 밟아보고, 배우겠다는 의도라면 말리지는 않겠지만, 사기가 직업인 사람들이 사기로 돈을 벌어서 남들이 빼앗아 갈 수 있는 상태로 둘 것이라는 헛된 기대는 하지 않길 바란다. 태어나 사기를 처음 치거나, 소액 사기로 순간의 실수를 범한 사람이 아니고서야, 민사 소송 따위가 들어와도 눈 하나 꿈쩍하지 않을 테니까. 기껏해야 교도소에 있는 사람 영치금 압류나 할 수 있을 뿐인데, 그것도 많아 봐야 금액 한도가 300만 원이니, 피해 변제에 턱없이 부족한 경우가 대부분이다.

한편, 사기로 인한 범죄 피해만큼이나 조심해야 할 것은 사기죄로 처벌할 수 없으나, 속아서 돈을 뺏기는 경우다. 속아서 돈을 편취당했는데, 사기죄가 되지 않을 수 있음은 앞서 이야기한 바와 같다. 형사법이 작용하는 방식은 일종의 논리 게임과 같아서, 법이 발동하는 요건에 맞추어 증거자료를 가져다가 조립해 작동시키지 않으면, 아무 일도 일어나지 않는다. 그리고 그사이에는 수많은 변수가 존재한다. 가령, 경찰이 수사해서 증거를 잘 모아줘야 하고, 검사가 공소 제기와 유지를 적절하게 해야 하며, 이 과정에서 혐의 인정이 더 수월하도록 피해자가 힘닿는 데까지 조력해 줘야 하기도 한다. 이런 요소가 잘 조합되어 논리 게임의 조건을 만족시키면, 판사가 그에 걸맞은 결론을 되돌려주는데, 그 과정과 규칙이 굉장히 복잡하다. 우리의 일상에서 경험하는 것보다 훨씬 엄격하고, 상식적으로 개연성이 높다는 이유만으로 그냥 그렇겠거니 넘어가지도 않는다. 이런 이유로 실무에서는 범죄인지 아닌지 긴가민가한 사건이 많이 걸러진다. 부도덕하지만, 처벌하기 애매한 많은 문제가 국가형벌권이 개입하지 않고, 당사자 사이에서 해결할 문제로만 남겨지게 되는 것이다. 심지어는 처벌받아 마땅한 일인데도, 이 시스템을 운용하는 수사 기관, 법원 등의 오작동으로 제대로 된 결과가 나오지 않기도 한다. 더더군다나 이 논리 게임의 기본값은 억울하게 처벌받는 사람이 절대 나오지 않게 하려는 데에 초점이 맞춰져 있지, 잘못한 사람들을 잡아다가 처벌하는 데에 맞춰져 있지 않다.

이렇다 보니 죄를 지었으면 벌을 받아야 하고, 사기를 쳤으면 감옥에 가야 한다는 상식과는 괴리감이 있는 결론을 마주하기가 쉽다. 한마디로 아는 사람들끼리 서로 거짓말을 했느니 안 했느니 따질 때는 분명히 섭섭하고, 실망스러울 만한 사안이더라도, 법정에 가면 형사 처벌이 어려운 일이 태반일 수밖에 없고, 스스로 생각하는 도덕적 잣대를 가지고 잘잘못을 따져봐야, 피해자만 더 속이 터지고, 억울해진다. 사회가 지향해야 하는 도덕적 기준점을 강제하는 것이 법원이 하는 일은 아니라서 번지수를 잘못 찾았다고 할 수 있다.

그렇기 때문에 사기를 치고 싶지만, 처벌은 받고 싶지 않은 사람들은 법과 도덕적 규범 사이의 틈을 노리기 마련이다. 그것을 법이 아닌 도덕 및 기타의 규범적 잣대로 비난하거나, 제재하려

할 수 있겠지만, 나는 감옥만 안 가면 된다며 사기 칠 궁리를 하는 사람들을 막을 수는 없다. 그리고 그것의 비난 가능성에 대해서도 "법에서 된다고 해서 했는데 뭐가 문제냐?"는 주장과 "그래도 그런 건 하면 안 되지."라는 주장 사이에서 명확한 선이 그어지는 것도 아니라서, 먹고살기 위해 달려든다면, 오만가지 일이 다 일어날 수 있다. 또 일반적으로 거짓말은 나쁜 것이지만, 우리 사회에서 처벌받는 거짓말과 그렇지 않은 거짓말은 분명 차이가 있다. 이렇게 본다면, 거짓말이 나쁜 것임에도 불구하고, 제도적으로는 어느 정도 허용하는 셈이다. 이러한 이유로 사기꾼이 많으니 조심하라는 이야기는 비단 형사상 사기 범죄로 처벌받는 이들만을 염두에 두고 하는 이야기가 아니다. 꼭 범죄로 인한 피해가 아니라도, 몰라서 속고, 착취당하고, 이용당하는 일을 조심하라는 메시지가 함께 담겨 있다.

더 나아가 우리 제도가 범죄와 형벌이라는 분명한 선을 두고 있음으로 인해 종종 다른 규범적 기준이 모호해지는 듯한 느낌을 받을 때가 적지 않다. 예컨대, 상인이 물건을 비싸게 팔아 폭리를 취하는 것은 불법인가? 거래 당사자가 합의했으므로 단순히 비싸다는 것만으로 누군가를 처벌하지는 못할 것이다. 그렇다면 은행이 이자를 비싸게 받아 폭리를 취하는 것은 불법인가? 은행뿐만 아니라 개인이 빌려주더라도, 일정 수준을 넘어서면 불법이다. 물건값을 비싸게 받는 것과는 달리 돈값을 비싸게 받으면 처벌한다는 소리인데, 국회에서 그러한 법을 만들었고, 그것이 사회적 합의의 증거가 되어서다. 반면, 인터넷 쇼핑으로 저렴하게 살 수 있는 물건을 가난하고 힘없는 노인에게 30배의 폭리를 붙여서 판매한다면 어떻게 취급해야 할까? 그리고 100원짜리를 3,000원에 파는 것과 1만 원짜리를 30만 원에 파는 것과 동일하게 취급할 수 있을까? 이렇게 꼬리에 꼬리를 무는 무수한 질문 모두에 대해 정해진 대답이 있는 것은 아니다. 그리고 그에 대한 사회적 합의와 결론은 의견 형성이 어떻게 되느냐, 사회적 변화가 어떻게 이루어지느냐에 따라서도 시시각각 변한다. 논리적으로는 어떤 결론이 나와도 이상하지 않을 문제인데, 그저 역사적인 결과로서 특정한 결론으로 이어지기도 한다.

그러므로 우리 개개인이 믿는 도덕적 규범과 기준은 개인의 삶을 이끌어나가는 데에 유용한 기준이자 이정표가 될 수는 있어도, 타인과 잠재적인 갈등 상황에서 급격한 성능 저하를 경험할 수 있다는 점을 늘 떠올려야 한다. 분명 내 기준에서는 용납할 수 없고, 억울하고, 분하고, 속은 것 같은데, 잘잘못을 따져보면 '사기죄'는커녕 '사기'라는 꼬리표를 붙이는 것조차 쉽지 않을 수 있기 때문이다.

이와 관련한 일화가 있다. 초등학교 5학년 때의 일이다. 친구들이 자전거를 타고 다니는 것을 보고, 어머니를 졸라 동네 어귀의 자전거포에서 자전거 한 대를 구매했다. 거기는 유명 브랜드 판매점이었는데, 좋은 모델을 할인 판매한다는 주인의 말에 넘어간 어머니와 나는 그 자리에서 그 금액을 치르고 자전거를 가져왔다. 문제는 그다음이었다. 그날 이른 저녁, 나는 내가 구입한 자전거 브랜드 홈페이지에 들어갔다가 같은 자전거를 훨씬 더 비싸게 샀다는 사실을 알았고, 이를 어머니에게도 알렸다. 어머니와 나는 다른 모델이겠거니 애써 부정을 해보았지만, 생김새도 모델 이름도 똑같았다. 다른 점은 오로지 가격뿐이었다.

저렴하게 준다고 해놓고 오히려 바가지를 씌웠으니, 뭔가 잘못됐다는 생각에 그 길로 어머니와 나는 자전거를 끌고 다시 자전거포에 가서 주인에게 따졌다. 어떻게 인터넷보다 훨씬 더 비싸게 팔았느냐고. 하지만 그는 너무도 태연하게 본인이 판매한 모델은 안장이 다르다느니, 비슷해 보여도 실제로는 다른 모델이라느니, 온갖 핑계를 갖다 붙였다. 그 모습을 보고 자전거포 주인이 환불해 줄 마음도, 더 깎아줄 마음도 없다는 것을 확인한 어머니와 나는 단 몇 푼이라도 돌려받고자 난리를 부릴 생각도, 용기도 없어, 체념하고 집으로 돌아왔다. 비싸게 구입한 만큼 야무지게 잘 탔다면 좋았겠지만, 그마저도 불과 얼마 지나지 않아 자전거를 타다가 넘어져 쇄골이 부러지는 바람에 다른 곳에 줘 버렸다.

당시 어린 나는 자전거포 주인이 부정직하고, 부도덕하다고 생각해 엄청난 분노를 느꼈는데, 속인 것도 모자라 정확한 근거를 대며 따져 물었는데도, 태연하게 거짓말을 하며 뻔뻔하게 둘러대기에 급급하게 보였기 때문이다. 더욱이 그전 해에 암으로 아버지를 여의고 어머니와 두 아들 세 식구만 남겨져서 정신없이 살아가는 가운데, 모처럼 어머니가 큰마음 먹고 사준 자전거까지 바가지를 쓰고 나니 몹시 화가 났다. 그리고 그 억울함과 분노는 결국 나와 어머니를 속인 뻔뻔한 자전거포 주인에게 쏠렸다.

지금 생각해 보면 대수롭지 않고, 우습기까지 한 일이다. 그 자전거포 주인이 정직하지 못한 사람이었을까? 분명 그렇다. 그 자전거포 주인이 어머니와 나를 속인 것일까? 애매하지만 그때 정황을 미루어 보아 그렇다고 본다. 그 자전거포 주인이 뻔뻔한 사람이었나? 다시 찾아갔을 때 태연히 거짓말만 늘어놨던 기억을 되새기면, 뻔뻔한 사람도 맞고, 내가 어울리고 싶어 하지 않는 부류의 사람도 맞다.

그렇지만 그 자전거포 주인이 나와 어머니에게 절대 해서는 안 되는 짓을 한 건가? 그땐 그렇다고 생각했지만, 지금은 아니다. 그는 우리에게 더 높은 가격을 충분히 받을 수 있었음에도 불구하고, 자기 이익을 포기하면서 몇만 원 더 싸게 받았어야 했을까? 나는 그렇게 하는 사람들을 개인적으로 좋아하긴 하지만, 그 사람이 굳이 그렇게 해야 할 이유는 없다. 그 사람은 장사를 하는 사람이고, 서로 자전거를 매매하기로 한 의사가 일치해서 거래가 일어난 것이다. 좋은 걸 저렴하게 준다는 단순한 과장이나 포장, 영어로는 'mere puffery'는 우리나라든 미국이든 범죄가 아니다. 취소할 수 있는 거래의 유형도 아니다. 자전거포 주인의 입장에서는 어수룩한 홀어머니와 그 막내아들을 만나 그날 장사를 잘했을 뿐이다.

그 자전거포 주인이 어떤 사정이 있어서 그렇게 장사를 한 건지 알 수는 없다. 그도 부양해야 할 가족들이 있어서 최선을 다해 자전거를 팔았을 수도 있고, 빚에 쪼들려서 최대한 빨리 돈을 벌어야 했을 수도 있으며, 그저 아무 이유 없이 돈을 더 벌고 싶었을 수도 있다. 이렇듯 주관적 사정은 그 누구도 정확히 알 수 없고, 그렇기 때문에 내가 가진 도덕적 규범이 어떻든 간에 그가 어떤 사람인지 섣불리 결론을 내릴 수도 없다. 그리고 원래 장사를 하는 사람들은 그렇게 해야 하는 것이 맞는 것인지, 혹은 더 정직해야 하는 것인지, 상거래에 적용되는 도덕적 규범이라는 걸 내 수준에서 일률적으로 도출해 내기도 곤란하다.

어찌 됐든 나와 어머니는 자전거포 주인과 거래를 했고, 알고 보니 상당히 불리한 조건이었으며, 어머니와 내가 주위 사람을 대하는 방식과는 다른 취급을 자전거포 주인으로부터 받았을 따름이다. 그게 나의 기분을 상하게 했을지라도, 내가 자전거포 주인을 싫어하게 되어 다시는 그 자전거포 주인과 다시는 거래하지 않게 되었더라도, 이는 법률에서 정한 규범적 기준의 사기 근처에도 다가가지 못할 만한 일이었다. 그리고 이런 나의 감정적인 반응을 불러일으킨 일련의 사정이 다른 사람들의 공감과 불편함을 끌어낼 수 있을지라도, 상거래라는 특수한 사정을 감안했을 때 이를 내 마음대로 정한 도덕규범에 맞추어 판단하기에도 다소 어려움이 있다. 즉, 나는 분명 사기당한 기분인데, 그건 그냥 내 기분일 뿐 설명하기 모호한 지점이 있다는 말이다.

꼭 나를 골탕 먹인 자전거포 주인을 대변하는 듯해 기분이 이상하기는 하지만, 사실은 그 반대에 가깝다. 난 그렇게 장사하는 사람을 좋아하지 않고, 그때의 트라우마 때문인지는 몰라도, 꼭 인터넷에서 가격을 비교한 후 구매하는 편이며, 오프라인에서 충동적으로 구매하는 일도 거의 없다. 왜냐하면 그때의 '사기당한 기분'을 다시는 느끼고 싶지 않기 때문이다. 그게 세상이 정한 기준에 비추어 봤을 때, 형법상 사기에 해당하든, 처벌할 수는 없더라도 사람들이 이구동성으로 "이건 사기다."라고 하는 거래이든 간에, 사기를 친 사람에게 책임을 제대로 물을 수 있는 구조가 아니므로. 결국 사기를 피하려면, 스스로 대비하고, 대처할 수밖에 없다.

한마디 덧붙이자면, 우리 사회 구성원들이 공유하는 도덕 감정과 실제 제도적 규범 및 장치가 동떨어져 운영되는 것 같이 보일 때마다 나도 기분이 썩 좋지는 않다. 착한 사람은 상을 받고, 나쁜 사람은 벌을 받고, 사기치는 사람들이 오히려 자기 꾀에 자기가 빠져서 골탕 먹는 세상은 사회 구성원 대다수가 어렵지 않게 동의할 바람직한 모습일 것이다. 그러나 선과 악을 일도양단으로 구분할 수 있는 문제가 있는가 하면, 그사이에서 끊임없이 고민해야 하거나, 심지어는 아무리 고민해도 모호한 사안이 있다. 자신의 입장에 따라 선악의 기준이 달라지기도 하고, 여러 나라가 겪고 있는 극한의 정치적 대립도 이런 상황과 크게 다르지 않아 보인다.

그래서 결론은 사기꾼은 많고, 당신이 사기라고 생각하는 그 무언가가 누군가에게는 사기가 아닐 수도 있으며, 법으로 처벌하기 어려울 수 있다는 말이다. 법으로 처벌하지 못하면 다른 사적 구제방안을 찾아야 하는데, 그나마 제일 현실성 있는 방법은 비슷한 도덕 감정을 공유하는 불특정 다수에게 호소하는 것일 테다. 그러나 그런 설득과 호소에 시간을 쓰는 것보다는 미리 조심해서 사기당하고, 이용당하고, 착취당하지 않기 위해서 노력하는 쪽이 훨씬 편하다. 그게 유한한 인생을 더 알차게 쓰는 길이라고 믿는다.

다시 강조하지만, 사기꾼 조심하라는 말은 가볍게 흘리지 말아야 한다. 누군가는 자신의 배를 불리기 위해 호시탐탐 다른 사람을 잡아먹을 생각만 하고 있을 수 있으니까. 그게 구미호가 순진한 사람의 간을 빼먹는 것인지, 세렝게티 초원에서 사자가 얼룩말을 잡아먹는 것처럼 자연스러운 일인지 뒤늦게 가늠해 보고, 나아가 세상에 자신의 결론을 설득하려 하기보다는, 아무런 피해 없이 온전히 자신의 하루를 보내는 게 좋지 않을까? 옛 어르신들 말씀 중 맞는 말 하나를 내가 이렇게 다시 젊은 꼰대로서 반복해 본다.

거짓말에
상처받지 마라

자전거포 주인아저씨의 귀여운 거짓말에 속아 몇만 원을 손해 보고, 분노에 부들부들 떨었던 초등학생이 바로 나다. 사실, 그 후로 목격한 숱한 거짓말과 속임수를 떠올리면, 자전거포 아저씨의 거짓말은 거짓말 같지도 않다는 생각이 든다. 바로 앞에서 사기를 주제로 논하며, 정확한 위치를 종잡을 수 없는 도덕적 규범의 기준선을 언급한 것도 이런 경험이 있어서다.

한편, 거짓말을 해서는 안 된다는 정언적인 가르침은 아주 어린 시절부터 부모님으로부터 배웠다. 그런 가르침에 동의하는 나는 나의 자녀에게도 똑같이 가르쳐줄 것이다. 또한 거짓말에 관해 이른 나이의 자녀에게 명확한 지침을 주는 것에 더해, 성인이 된 자녀에게 알려주고 싶은 부분은 세상의 많은 사람이 거짓말에 대해서 가지고 있는 인식과 감각 그리고 그들의 행태이다.

　그렇다고 해서 나는 거짓말을 하지 않으며, 세상 일반보다 도덕적으로 우월하다는 소리를 하고 싶은 마음은 전혀 없다. 어렸을 때부터 익힌 습관으로 인해 상당한 거부감을 가지고 있는 건 맞지만, 일단 나도 거짓말을 하고, 때로는 융통성 있게 거짓말도 할 줄 알아야 한다는 타협의 자세도 갖게 되었다. 그뿐만 아니라, 스타트업 회사를 운영하면서부터는 내가 거짓말이라고 생각하는 것과 이른바 사업가라고 하는 사람들의 거짓말은 수준과 차원이 다름을 깨달았다. 이로써 내 기준의 거짓말을 재정의해야 하지 않나 생각하면서 스스로의 생각에 끊임없이 도전하고 있기도 하다. 물론 거짓말 옹호론자는 아니지만, 실제로 거짓말에 관해 가치관의 혼란을 많이 겪은 사람으로서 일정 부분 도달한 유보적인 결론을 공유하려 한다.

　본래 나는 '우리나라는 이래서 안 된다.'는 답도 없는 자기비하적 이야기는 듣기조차 싫어하지만, 좋다 나쁘다의 가치 판단은 쏙 빼고, 내가 현실을 주관적으로 인식한 그대로를 공유하면, 우리 사회는 아직 거짓말에 관대하다. 비교 대상이 없으면 이런 표현은 공허하므로, 많은 국민이 친숙해하는 나라인 미국과 비교하면, 분명히 거짓말에 관대하다. 희한하게도 카페에 휴대폰이나 노트북을 자리를 비워도 아무도 집어 가지 않는 정직함과 준법의식이 있는 반면, 이상하게도 거짓말에는 관대하다는 것이 내가 여태까지 내 경험을 종합해 내린 결론이다.

이와 관련한 예시로, 내가 군인으로 복무하던 시절로 거슬러 올라가 본다. 나는 2011년부터 2013년까지 미8군 제2보병사단 본부 기지사령부에서 카투사로 근무했는데, 자랑을 좀 하자면, 해당 기수를 수석으로 졸업했고, 사단 표창을 받을 정도로 성실하게 복무했다. 물론 혜택받은 군 복무여서 대단한 걸 한 적은 없고, 행정병으로 일하며 가끔 어학병 업무를 했었다.

짧은 기간이었지만, 나의 군 생활은 한국 육군 장교와 미국 육군 장교를 동시에 지휘관으로 모시는, 정확히는 미군에 배속되었지만, 인사권은 한국 장교에게 있는 혼합된 구조에서 일했다. 덕분에 양쪽 군대를 모두 체험하며, 병사들부터 부사관과 장교들이 어떤 차이점이 있는지를 체험하고, 생각을 정리할 기회가 주어졌다. 결론부터 말하면, 한국 육군과 미국 육군은 규모든, 역사든, 국력의 차이만큼이나 엄청난 차이가 있었지만, 그중에서도 구성원의 사고방식이 매우 달랐다.

소위 '가라를 친다.'는 표현이 있다. 풀이하자면 '정해진 절차를 따르지 않거나 요령을 피우며 대충 한다.' 정도로 설명할 수 있겠다. 그런데 내가 경험한 한국 육군은 모두가 가라를 치고 있었다. 오히려 카투사 병사, 부사관, 육군사관학교를 나온 장교까지 처음부터 끝까지 정해진 규칙을 지키며, 원칙을 준수하는 사람을 찾기가 더 어려웠다. 나는 이것이 굉장히 이상하다고 생각했는데, 규칙을 안 지키는 것은 물론이고, 악의적으로 지적하는 것이 아닌데도, 규칙을 지키지 않는 것에 문제를 제기하는 것조차도 아주 이상하게 생각했고, 이를 은폐하는 데에 부사관이든 장교든 앞장서서 같이 거짓말을 하고 있었기 때문이다. 미군이라고 이런 문제가 전혀 없겠냐마는, 이 '가라치는' 행위에 대해 가지고 있는 기본적인 감각 차이는 내가 경험한 바로는 하늘과 땅 차이만큼 컸다.

나도 가라를 치지 않은 것은 아니었지만, 뭔가 요령을 피우고, 거짓된 행동을 하는 것 자체가 하나의 관행으로 굳어져서, 병사는 물론, 지휘관까지 대충대충 넘어가는 경향이 있는 우리 육군과는 달리, 정해진 약속을 지키지 않거나, 거짓된 이야기를 하는 것에 대해 미군은 훨씬 엄격한 잣대를 들이대고는 했다.

징병 되어 온 한국 병사들과 월급을 수십 배 더 받아 가며 직업

군인을 하는 미군 병사들 간 차이가 있는 것은 어찌 보면 당연한 일이겠지만, 돌발 상황이 생기면 귀찮은 일을 최대한 줄이려고 하고, 자기 선에서 감추기에 급급한 한국 장교들의 모습과 투명하게 정보를 공유하고, 있는 그대로 일을 처리하려는 미군 장교들의 모습 차이는 젊은 병사인 내 눈에 인상 깊게 남았다.

조금 더 나이를 먹으며 경험을 해보니, 분명히 문화·사회·제도적인 차이가 있는 것처럼 보였다. 예컨대, 변호사가 너무 많아 발에 차인다는 미국 변호사가 되기 위해서는 주마다 다르지만, 'Moral Character Determination'이라는 것을 받아야 하는데, 이는 변호사협회에 입회하기 위해 적당한 도덕적 기준을 충족시켰는지를 심사하는 과정이다. 거기에는 자신의 과거 범죄 경력이나, 기타 도덕성을 판가름할 수 있는 다양한 요소에 대해 스스로 정보를 기재하게 하고, 자신이 알고 있는 지인들의 연락처를 적어 평판을 조회하고, 지원자의 진술이 사실인지를 확인하는데, 이는 한국의 변호사협회 등록 과정과는 사뭇 다르다. 왜냐하면 여기서 '가라 진술'을 했다가 들통나면, 등록이 거절되고, 미국 변호사로 활동하는 데 상당한 불이익을 받기 때문이다. 즉, 거짓말 한번 잘못했다가는 오히려 변호사가 되지 못하는 리스크를 부담해야 하므로, 잘 숨길 자신이 없다면 웬만하면 거짓말을 해서는 안 된다.

이렇게 본인에게 질문을 하고, 거짓말을 하면 상당한 불이익을 주는 가장 대표적인 사례는 미국 입국을 위해 비자를 받을 때다. 차라리 비자 발급이 거절되는 것이 낫지, 거짓말쟁이 낙인이 찍히는 순간 영영 비자를 받기 어려워진다고 하는데, 이는 사실에 가깝다. 다만 외국인이 한국 입국을 위한 비자를 받을 때 거짓말을 한다면 역시 불이익을 받을 것이기 때문에, 비자 발급 절차에서의 거짓말과 불이익은 두 나라 간의 차이를 극명하게 보여준다고 하기에는 어려움이 있을 듯하다.

하지만 제도적으로 '거짓말하면 불이익을 준다.'라고 비슷하게 정하고 있는 경우라도, 제도의 운용과 설계의 세밀한 차이를 관찰하면, 분명히 한국은 거짓말에 더 관대하다. 나는 법률 전문가로 관련 분야에서 살펴보면, 민사 재판이든 형사 재판이든 거짓말하는 사람이 수두룩하다. 내가 가지고 있는 감각은 법정에 오면 누구든지 어느 정도 거짓말을 하고 있다는 것이다. 그리고 웬만한 거짓말은 재판 과정에서 거짓말임이 들통나도 실수였다거나, 어영부영 얼버무리는 경우가 상당히 많다. 그리고 법정에서의 거짓말에 대한 제재도 미약한 편이다. 위증죄를 제외하고, 민사소송법 제301조는 선서한 당사자 또는 법정 대리인이 거짓 진술을 한 때에 법원이 200만 원 이하의 과태료를 부과할 수 있도록 하고 있고, 같은 법 제370조는 당사자 신문 시 선서한 당사자가 거짓 진술을 한 때에 500만 원 이하의 과태료를 부과할 수 있게 정하고 있을 뿐이다.

당연히 미국도 소송 관련인들이 숱하게 거짓말을 하겠지만, 미연방 민사소송법만 보더라도 변호사 입장에서는 훨씬 부담스러운 규정이 있다. 미 연방민사소송규칙 제11조는 소송 대리인인 변호사가 대리하고 있는 당사자의 경우, 모든 제출서면을 변호사가 서명하도록 요구하고, 또 단순히 상대방을 괴롭히기 위한 주장, 시원찮은 주장, 사실에 기초하지 않은 주장을 하면, 법원이 과태료 부과는 물론, 각종 절차상의 불이익을 받도록 하고 있다. 이 규정은 우리 민사소송법의 규정보다 훨씬 포괄적이고, 광범위한 것이 특징이다. 괜히 법원까지 와서 애매한 거짓말이나 하며 시간 낭비하는 경우, 본때를 보여주겠다는 의지의 표시인 셈이다.

이런 제도의 면면에서 거짓말에 대한 태도의 차이를 살펴볼 수 있는가 하면, 명확한 근거를 제시할 수 없어 개인적 경험을 바탕으로 설명할 수밖에 없는 오묘한 무언가가 있다. 예컨대, 해외여행 시 리조트에 방문해 결혼기념일이나 생일이라며 무언가를 요구한다거나, 인터넷 쇼핑으로 구매한 제품에 결함이 없는데도 바꿔 달라는 그런 일들 말이다.

나도 살면서 이런 사소한 거짓말을 안 해봤다고 할 수는 없지만, 한번은 누군가와 패밀리 레스토랑에서 맛있게 식사하다가, 그 식당에서 스테이크가 입맛에 맞지 않으면 한 판을 새로 해 주니까 요구해 보자는 상대방의 제안에 만류한 적이 있다. 어차피 말 한마디만 하면 공짜로 스테이크 한 판을 더 먹을 수 있는데 어떠냐고, 어차피 그 부분까지 감안해서 금액을 책정한다는 말을 듣고는 약간의 충격을 받아 공감해 주기가 어려웠다.

그렇게 사소한 거짓말을 하는 사람들이 싫다거나, 그들을 비난하려고 이 이야기를 쓴 것은 아니다. 충분히 나와 견해가 다를 수 있고, 생활 방식의 차이일 수도 있으며, 마음의 여유 차이일 수도 있다고 생각한다. 그러나 우리 사회가 분명 이런 거짓말을 비교적 용인해 주는 분위기라는 인상을 가지고 있다. 그렇다고 "우리나라 사람들은 입만 열면 거짓말한다." 따위의 자조적 얘기를 하려는 것이 아니라, 사회적 기준이 다르다는 이야기일 뿐임을 분명히 하고 싶다.

거짓말 이야기를 이렇게 지지부진하게 하는 이유는, 내가 거짓말에 관해 거쳐 온 인식과 관념의 변화를 똑같이 시행착오를 거치며 겪게 될 이들의 불필요한 마음의 상처와 정신적 타격을 막아주고 싶어서다. 이 글의 앞머리에서 성인이 된 자녀에게 세상 많은 사람이 거짓말에 대해 가지고 있는 인식과 감각, 그들의 행태에 대해 가르쳐주고 싶다고 한 것도 같은 맥락이다. 사람들은 생각보다 거짓말을 많이 한다. 많은 표본과 비교해 보진 못했지만, 특정 문화권과 비교하면 더더욱 그러한 경향이 보인다. 그래서 이를 감안해야 한다. 내가 정직하다고 해서 남도 정직하다고 믿는 것은 착각이라는 이야기다.

거짓말하는 사람이 많은 세상, 그리고 거짓말에 관대한 사회에서 살아남기 위해 개인이 무엇을 선택하든 그건 자유다. 똑같이 거짓말을 많이 하든, 남들 거짓말은 믿지 않되 나는 거짓말을 되도록 안 하고 살든, 혹은 남들이 거짓말을 하든 말든 나만은 세상에 진실뿐이라고 굳게 믿으며 외골수로 살아가는 방법이든. 그렇지만 나는 내 자녀에게만큼은 "아마도 네가 생각하는 것보다 사람들은 더 많은 거짓말을 하며 살아갈 것이다."라고 이야기하게 될 것 같다. 아직 다 키우지도 않은 자녀이지만, 내가 자라오며 받아온 교육과 부모님으로부터 전달받은 메시지 정도만을 전해준다면, 나의 자녀도 성인이 되었을 때 똑같은 착각을 하면서 세상에 나오기 십상일 것이기 때문이다.

"왜 그런 걸 가지고 거짓말을 해?", "굳이 그렇게까지 거짓말을 해야 해?" 따위의 질문을 내가 속으로 많이 했던 것처럼, 내 스스로가 부득이하게 해야 했다고 믿는 거짓말에 대해 똑같은 생각을 하는 사람들도 있었을 것이라 본다. 그래서 진실과 거짓에 대한 누군가의 견해에 대해서는 함부로 비난하거나 손가락질해서는 안 된다는 입장이다. 그걸 좋아하고 싫어하는 것은 자유지만, 옳고 그름의 문제는 그 기준을 잡기가 훨씬 어렵기 때문이다. 그래서 거짓에 관대한 사회라고 생각하지만, 송두리째 잘못됐다고 생각하지는 않는다. 다만, 내가 자라며 교육받은 내용과 아귀가 맞지 않는 부분이 분명 존재하는 우리 사회인 것 같다는 생각은 버리기 어렵다.

그리고 거짓말쟁이들의 입장에서 굳이 핑계를 찾자면, 거짓말을 하지 않고, 진실을 말하는 것은 공짜가 아니라서, 늘 진실할 여유가 있는 사람이 아니라면, 거짓의 유혹을 더 쉽게 경험하는 것 같다는 생각이다. 경제적으로 충분한 여유가 있는 사람이 스테이크 한 점을 더 먹자고 굳이 없는 이야기를 지어낼까? 약간의 금전적 유혹에 거짓말을 해야 한다면, 넉넉한 사람은 굳이 거짓말을 하다가 걸려서 망신당하느니 참고 말지 않을까?

이런 핑계가 거짓말쟁이들의 거짓 하나하나를 정당화할 수도 없고, 이런 핑계가 어느 정도 이해가 된다고 하여 추잡스러운 거짓말이 아름다워지는 것도 아니다. 대신 조금 더 큰 그림에서는 결국 체면이든, 품위든, 도덕적 기준이든, 내면의 만족감이든, 어떤 근원적인 이유에 기반하든 간에, 진실을 말하고, 거짓을 피한다는 것에는 항상 비용이 들어서, 그 비용을 감당할 마음이 없는 사람에게는 거짓말이 값싸고, 편한 해결책이 되는 듯하다.

꼭 거짓말을 하지 않으려면 돈이 많아야 한다고 얘기를 하는 것 같은데, 그렇게 단순한 이야기는 아니다. 가난해도 거짓말을 하지 않을 수 있고, 가진 게 없어도 남을 속이지 않을 수 있다. 가난하다고 거짓말하는 것이 괜찮은 것도 아니고, 우리 사회가 이를 조장하거나 장려해서도 당연히 안 된다. 그러나 거짓말을 참는 것은 개인 양심의 잣대 문제일 뿐만 아니라, 그를 둘러싼 사회구조와 환경의 문제라는 점을 이해하고, 특히 도덕적인 이상향을 배워 온 건전한 청년들이 사회에 나가기 전에 얼마나 많은 거짓말이 이 세상에 오가고 있는지를 납득시키고 싶다.

한마디로 세상 모든 사람이 취해 있는데 혼자 맨정신이면, 취하지 않은 사람이 어지러움을 느낄 것이기에, 거짓말에 관해서는 어떤 현실이 팽배해져 있는지 미리 자각했으면 하는 바람이 크다. 멀쩡한 정신으로 군대에 가서 '당연히 이렇게 하는 거 아니야?'라는 믿음을 갖고 있었다가, 어느새 가라를 치고 있던 나의 모습을 통해 도덕과 양심이라는 잣대가 얼마나 물렁하게 세상에 널브러져 있는지를 스스로에게 끝없이 물었던 것처럼 말이다.

작은 거짓말
vs 큰 거짓말

06

"충분히 큰 거짓말을 계속하면 사람들은 결국 그것을 믿게 된다."

제2차 세계 대전의 독일 전범 요제프 괴벨스가 한 말로 알려진 인용구다. 그가 진짜 이런 말을 했는지에 대해서는 뾰족한 증거가 없으나, 프로파간다의 대명사인 나치 선동의 선봉에 섰던 그의 말이라고 대중에 전해져오는 것으로 보아, 적어도 그 말의 함의가 많은 사람에게 인상 깊은 듯하다.

뻔한 사실에 대해 발뺌하기 위해 하는 작은 거짓말과는 달리, 자신마저도 속일 듯이 사력을 다해서 하는 큰 거짓말은 은근슬쩍 기술적으로 포장돼, 진실인지 검증조차 하기 힘든 상태가 되거나, 진실 여부를 검증하더라도, 의미가 없어지는 상황을 자주 본다. 어떤 사람들은 이런 진심 어린 거짓말로 생계를 유지하고, 어떤 사람들은 단순히 먹고사는 것을 넘어서 자신의 야망을 이루기도 한다.

내 눈에 거짓말을 해서 먹고사는 것처럼 보이는 사람 중 대표적인 사례는 점쟁이들이다. 굳이 점을 보는 행위를 거짓말이라고 하자면, 이걸 '큰 거짓말'이라고 거창하게 표현해야 할지는 잘 모르겠지만, 단순히 사실 한두 가지를 왜곡하는 것이 아니라, 아예 과거와 현재, 미래를 모두 보는 척하며, 허풍을 친다는 점에서 충분히 큰 거짓말이라고 해도 손색이 없을 것 같다.

나는 태어나서 사주팔자를 제외하면 딱 한 번 점을 봤는데, 그때 점을 봐줬던 사람은 호랑이동자라는 무속인이었다. 무속 신앙에 애정이 깊은 이들에게는 섭섭하게 들릴 수도 있고, 내가 불경한 사람처럼 보일 수도 있겠지만, 아무튼 99% 이상의 확신으로 판단컨대, 내가 소개받았던 그 점쟁이는 거짓말을 하고 있었다. 어처구니없게도 그 점쟁이를 두고, 나의 지인들은 태어나서 처음 보는 용한 점쟁이라고 입이 마르게 그 영험함에 대해 이야기를 하곤 했다.

평소에도 무속 신앙은 물론, 다른 종교에 대해서도 신실함이 없는 내가 굳이 태어나서 처음으로 점을 본 사연은 이러했다. 이 호랑이동자에게 점을 본 지인들이 있었는데, 본인뿐만 아니라 자신의 가족과 다른 지인들에게도 호랑이동자를 소개했고, 공교롭게도 그는 소개받은 사람들의 과거와 현재 상황을 감쪽같이 잘 맞추었다. 대충 찍어서 맞추는 것도 아니고, 과거를 들여다보기라도 한 듯 족집게처럼 맞추니, 지인들은 이런 용한 점쟁이는 처음 본다며, 찬양 일색이었다. 그리고 나에게도 지나가는 말로 그 점쟁이를 소개해 주었다.

당시의 나는 '무언가를 믿는 것'만큼이나 '절대 믿지 않겠다는 신념을 갖는 것'도 미지의 세계에 대한 가능성을 완전히 닫아버리는 맹목적인 신념으로 받아들이고, 너무 쉽게 믿는 것만큼이나 너무 믿지 않는 것을 경계해야 한다고 생각했다. 설령 그것이 무속 신앙일지라도 말이다. 그리하여 가까운 지인이 여러 차례 호랑이동자가 용하다며 구체적인 일화까지 들려주니, 혹시나 내가 모르는 세상의 새로운 질서나, 나를 의탁할 수 있는 믿음의 세계가 있을 가능성이 아예 없는 것은 아니지 않나 하는 판단에 태어나서 처음으로 점을 보게 되었다.

그렇게 강남 어딘가에서 만난 호랑이동자는 생각보다 나이가 어리고, 통통한 젊은이였는데, 점잖지 못한 패션 감각과 굳이 로고가 부각되는 명품으로 치장한 행색부터 상당히 신뢰감이 떨어졌다. 그러나 겉모습만으로 그 영험함을 판단할 수는 없는 법. 따로 준비된 방에서 그와 독대하면서, 그의 영험함이 나의 어느 점까지 꿰뚫어 보고, 나에게 어떤 새로운 삶의 기준을 제시해 줄 수 있는가에 대한 큰 기대를 안고 대화를 시작했다.

결론부터 말하자면, 이 호랑이동자는 30분 넘게 이어지는 대화에서 계속 엉뚱한 소리만 하고, 얄팍한 거짓말쟁이들이나 할 법한 헛소리를 했다, 어찌나 어이가 없던지 복채로 준비했던 10만 원 중 5만 원권 한 장을 빼지 못한 게 이 글을 쓰는 지금까지도 한이 된다. 진짜 신내림과 무속신앙의 초자연적 기초가 있는지는 내가 알지 못하겠으나, 그게 있든 없든 그날 호랑이동자가 나에게 보여준 것은 쇼이자, 사기극에 가까웠다.

아직도 지인을 비롯한 다른 이들이 호랑이동자가 그렇게나 영험하다고 표현했던 것을 납득하기가 어렵다. 이유인즉, 호랑이동자는 심리학 교양서적에 자주 나오는 바넘 효과를 비롯한 여러 심리적 기제를 이용해, 듣는 이로 하여금 꼭 자신의 이야기를 하는 것 같은 착각을 일으키려고 많은 시도를 하고 있었기 때문이다. 그런데 그 방식이 너무 어설퍼서, 진지하게 응대해 주고 싶어도 차마 해주지 못할 정도였다. 예컨대, 나에게 다 알고 있다는 듯 던졌던 질문들이 가관이었는데, "집안에 건강이 안 좋은 어르신들이 있지 않냐?"거나, "어머니께서 관절이나 허리가 안 좋지 않냐?", "아버지가 생전에 식사하시며 반주를 즐기지 않았느냐." 따위 질문이었다. 그중 우리 아버지의 반주 습관에 관한 질문은 살아생전에 소주 한잔 마시는 것도 힘들어하던 아버지 모습을 떠올리면 코미디가 따로 없다.

과연 어디까지 헛다리를 짚는가 지켜보기 위해 다 당신 말이 맞노라고 받아주었더니, 나중에는 뭔가가 이상하다고 느꼈는지, 헤어지기 직전에 "지금은 몰라도 나중에는 다 알게 될 것이다."라며 자신 없는 모습까지도 보였다. 그런데 그가 몇 년 후에 다 알게 될 것이라고 했던 그 시점이 되기까지도 전혀 그가 한 말을 알아듣지 못하겠다. 그 이유는 비교적 명확해 보인다. 그는 대충 이런저런 이야기를 지어내, 걸려드는 상대에게 심리적으로 영향을 미치고, 구워삶아서 굿을 해, 돈을 뜯어내려는 협잡꾼에 불과했기 때문이다.

나의 이런 냉정한 판단에도 불구하고, 호랑이동자는 나와 만난 후로도 강남 일대의 유흥업소 아가씨들을 비롯해, 다양한 고객에게 자신의 무속신앙을 서비스하며, 돈을 벌어 먹고살았던 것으로 보인다. 나의 지인들은 태어나서 처음 보는 용한 점쟁이라고 입이 마르게 그의 영험함을 극찬했는데, 대체 어떻게 그렇게 믿게 되었는지 이해는 할 수 없지만, 분명한 것은 그가 보통 거짓말쟁이가 아니라는 점이다.

그가 스스로 하는 거짓말에 대해 자신이 얼마나 믿고 있는지는 내가 알 수는 없지만, 단순히 말 한두 마디를 바꿔서 하는 것이 아니라, 점을 보는 행위 자체가 온통 거짓말투성이라는 점에서 우리가 일상적으로 하는 거짓말과는 성격이 분명 다르다. 사실, 내가 직접 점을 본 것은 이 호랑이동자가 유일하지만, 이른바 무당이라는 사람들에게 사기를 당해 법적 조치를 고민하는 사람을 여럿 봤다. 우스꽝스러운 점은 나같이 잘 속지 않는 사람, 혹은 속았다가도 사기를 당했다고 뒤늦게 깨닫고, 법적 조치까지 준비하는 사람 외에, 그들을 믿어주는 사람들을 상대로 이들은 계속해서 거짓말을 하고, 돈을 벌어 먹고 살아갈 것이라는 현실이다.

개중에 진짜로 영험한 이들이 그들이 받는 복채와 굿값이 아깝지 않게 좋은 무속신앙을 서비스해 줄지는 잘 모르겠지만, 아마도 그러한 영험한 능력이 없는 거짓말쟁이 대부분은 거짓말을 하는 것이 직업인 셈이다. 거짓말도 소소하게 하지 않고, 송두리째 거짓말을 해버리면, 어떤 경우에는 직업이, 어떤 경우에는 산업이 된다. 그래서 일상에서 오가는 사소한 거짓말을 두고 거짓이 어쩌네, 진실이 어쩌네 따지고 있노라면, 어떨 때는 큰 거짓말이 뻔뻔하게 자기만의 영역을 구축하고 있는 이 세상에서 참 시시한 일에 목숨 걸고 있다는 생각까지 든다.

그런데 한 발짝 더 떨어져서 볼 때, 점쟁이들의 먹고살기 위한 새빨간 거짓말은 상대적으로 아담하고, 귀여워 보이기도 한다. 뇌물을 받았는데 받지 않았다고 우기는 정치인, 위법한 거래를 하고도 그런 적이 없다고 다투는 기업인, 전쟁을 벌이며 수많은 사람을 죽였음에도 자기가 한 일이 아니라고 우기는 국가 지도자까지. 이들은 단지 점을 보며, 몇 번 거짓말을 하고, 굿값이나 받아 챙긴 것과는 차원이 다른 거짓말과 수준이 다른 뻔뻔함을 보여주지만, 그것을 막을 방법도, 일반적인 도덕규범을 기준으로 단죄할 방법도 없다. 그 거짓말들은 너무 크고 강해서 더 크고 강한 진실의 힘이 없다면, 손쓸 도리가 없을 정도다. 게다가 적어도 그 거짓말을 하는 사람들의 세계관에선 그것이 진실이고, 그것이 정의라서, 결국 힘 대결로 결론이 나는 경우도 적지 않다.

어렸을 적에 거짓말을 해서 부모님께 호되게 혼나거나, 망신

살이 뻗쳤던 기억이 난다. 한번은 우연히 생긴 5,000원을 저금통에 넣었는데, 아버지께서는 그게 어디서 난 돈인지 경위를 끝까지 캐물었다. 아마도 집 어딘가에 떨어져 있던 돈을 집어다가 저금통에 넣은 것 같은데, 그 경위를 명확하게 이야기하지 못하니 수상하다고 느끼셨는지 거듭해서 어떻게 된 일인지를 물으셨다. 한참을 우물쭈물하니, 아버지는 다음부터는 그렇게 하지 말라고 타일렀고, 그날의 기억은 어린 나에게 거짓말에 대한 내면적 반감을 심게 한 강렬한 에피소드로 남았다. 이렇게 어린아이가 거짓말을 하면, 혼나거나 꾸중을 듣는 것이 당연한데, 어른들의 세계에서 진짜로 큰 거짓말을 하는 사람들이 언제나 혼이 나는 것 같지는 않다. 앞서 이야기한 대로 누군가에게는 그게 직업이 되기도 하고, 나아가서 어마어마하게 큰 거짓말은 때로는 이념이 되며, 권력을 지키는 방패막이 되고, 때로는 진실로 둔갑해 다시 검증할 수 없는 상태로 역사에 남기도 한다. 이처럼 작은 거짓말과 큰 거짓말의 운명이 다른 것은 거대한 역설이다.

이런 고민의 연장선상에서 옳고 그름의 크기, 정의와 불의의 크기에 대해서도 고민해 보지 않을 수가 없다. 이런 신변잡기적인 에세이에서 무엇이 정의인지, 고리타분하고도 내 능력을 한참 벗어난 사안에 관해서 이야기할 생각은 없다. 그러나 당신이 살아가며 끊임없이 마주하게 될 역설은, 왜 더 나빠 보이는 것은 그대로 놔두고, 덜 나빠 보이는 것은 못살게 구느냐는 문제다. 물론 항상 그런 것은 아니지만, 작은 불의와 큰 불의 중에서 오히려 작은 불의는 철저히 핍박받고, 큰 불의는 그러거나 말거나 불의라고 부르기도 어려워지는 현실과 마주할 일은 생각보다 드물지 않다.

이와 관련해 내가 한참 오토바이를 타고 집과 대학원을 오가던 시절의 일이었다. 주택과 상가가 혼재된 이면도로를 밤에 지나가고 있었는데, 한 철물점에 경찰들이 출동해 문을 벌컥 열고 들어가는 모습을 보았다. 좋은 구경거리다 싶어서 오토바이를 멈추고 가까이서 지켜보니, 얼추 동네 아저씨들끼리 도박판을 벌인 듯했다. 한 아저씨는 밖으로 뛰쳐나와 앞을 막아선 경찰관을 뿌리치고 도망가 버렸고, 안에서는 담요로 도박에 쓰인 도구와 1,000원짜리 판돈을 허겁지겁 숨기고 있었다. 그리고 경찰관들은 물품을 빼앗아 압수하려는 것처럼 보였고, 현장에 있는 사람들에게 무언가를 설명하고 있었다. 대략 분위기를 파악한 나는 '다들 벌금 좀 내시겠네. 그런데 상습도박은 징역도 가능한데, 어떤 상황인지 궁금하네.'라고 혼자 생각하며 자리를 떴다. 아마도 현장에서 붙잡힌 이들은 처벌을 피하지 못하고, 한동안 마음고생을 좀 했을 것이다.

그로부터 상당 기간이 지나 강원랜드에 갔다가 도박에 빠져 가산을 탕진하고, 결국 인근에서 노숙하며, 도박의 늪에서 빠져 나오지 못하는 사람들의 이야기를 다룬 다큐멘터리를 보게 되었다. 그 영상은 도박에 중독된 이들은 도파민 중추가 완전히 망가져 일상에 복귀하기가 어렵다는 점을 내 머릿속에 각인시켰는데, 스스로 삶을 남김없이 파괴하는 가여운 사람들의 이야기를 몰입해서 보고 나니, 문득 '만약 강원랜드가 없었다면, 저 사람 중 상당수는 지금 그들이 겪고 있는 괴로움을 겪지 않을 수도 있지 않았을까?', '저 사람들의 인생은 물론 가족들의 인생까지 통째로 망가졌는데, 강원랜드가 과연 그들의 삶이 무너진 것과 무관하다고 할 수 있을까?'와 같은 의문이 들었다.

어느 정도 알려져 있다시피 강원랜드는 주식회사 강원랜드에 의해 운영되고, 주무 기관은 산업통상자원부로서 시장형 공기업으로 분류된다. 국가에서 운영한다고 해도 틀린 말이 아니다. 더욱이 강원랜드 설립목적은 '석탄산업의 사양화로 낙후된 폐광 지역 경제를 진흥시켜 지역 간 균형 있는 발전과 폐광 지역 주민의 소득 증대 도모'이다. 강원랜드의 운영목적이 공공의 이익임이 명백하다고 볼 수 있다.

한편, 강원랜드는 명목상 도박 중독을 방지하기 위한 다양한 제도적 장치를 운영한다고 알려져 있다. 그러나 손에 꼽을 수 없을 만큼 많은 사람이 강원랜드에서 도박에 중독되어 패가망신했다는 사실은 굳이 이 글에서 밝히지 않아도, 다양한 매체를 통해 숱하게 다뤄진 바 있다. 이렇게 강원랜드에서 도박에 빠져 집안이 망하고, 걸식하고, 목숨을 끊는 사태가 다반사임에 반해, 철물점에서 1,000원짜리 몇 장을 놓고 화투판을 벌이던 아저씨들이 패가망신할 가능성은 상대적으로 적을 것이다. 그러나 경찰은 야밤에 철물점 화투판을 급습하는 일은 있어도, 강원랜드 바카라판을 급습하는 일은 없다.

강원랜드의 존재 이유를 부정하거나, 공익적 목적을 부정하며, 강원랜드를 없애야 한다고 주장하려는 것은 아니다. 그러나 철물점에서 도박이 벌어져서 나쁜 것이라면, 훨씬 더 많은 사람이 강원랜드에서 바카라에 빠져, 정신 나가는 상황이 그보다 덜 나쁠 이유는 없을 것 같다. 이미 도박에 미쳐 고통받는 사람이 한 트럭인데, 강원랜드 설립목적에 따라 폐광 지역 경제를 진흥시키고, 주민들의 소득이 증대시킬 수 있다 한들, 이걸 일반적인 도덕관념에 비추어 동네 철물점에 숨어서 1,000원짜리 놓고 화투를 치는 것보다 더 좋은 일이라고 자신 있게 말할 수 있을까? 나는 이런 규범적 통제의 양태가 상당히 비대칭적이고 차별적이라는 느낌이 든다.

개인마다 도덕관념과 기준은 다르겠지만, 단순히 생각해 봐도 무언가 역설적이고, 괴리감이 느껴지는 이런 사안은, 어찌 보면 사회 구성원 스스로 법 규범을 만들고, 집행하는 이상 어쩔 수 없이 어느 구석에서는 발생할 수밖에 없는 일이기는 하다. 법률은 결국 국회에서 만드는 것이라서 대중 일반의 도덕관념을 충실히 반영할 수도, 그렇지 않을 수도 있으니까. '법은 최소한의 도덕이다.'라는 법언이 있기는 하지만, 그것이 진짜 최소한의 도덕인지, 아니면 도덕과는 전혀 동떨어진 역사의 산물인지는 알 수는 없다. 국회에서 투표로 정하는 것이 법률인 이상, 민주적 제도의 틀 아래서 탄생한 규칙이라는 절차적 정당성 외에 그 내용물이 완벽한 것인지 담보할 방법은 없다. 그 안에는 작은 거짓말이 섞여 있을 수도, 큰 거짓말이 섞여 있을 수도, 소박한 불의가 있을 수도, 때로는 거대한 불의가 버젓이 자리 잡고 있을 수도 있다.

우리가 건강한 사회 구성원으로 살아가려면, 법은 꼬박꼬박 지켜주는 것이 기본이다. 그런데 고작 그 내용물에 무엇이 섞여 있을지 모른다는 결론이라니 조금 배신감이 들 수 있지만, 냉엄한 현실이고, 마주해야 할 역설이다. 물론 국민을 대표하는 사람들이 제도적 통제하에 심혈을 기울여 만든 법령에 상기한 오점이 섞여 있을 가능성은 그렇지 않을 가능성보다는 낮을 것이다.

그러나 그것을 지키는 것과는 별개로, 그 내용물을 파악하고, 무엇이 중한지 무게를 스스로 달아볼 만한 이유는 충분하다.

　작은 거짓과 큰 거짓, 작은 불의와 큰 불의. 그 희미한 윤곽이라도 파악하려면, 미주알고주알 한참을 따져 봐야 드러나는 이 주제는, 먹고살기 바쁜 우리 삶에서 대체로 흔적도 남기지 않고, 빠르게 스쳐 지나간다. 나 역시 살기 바쁜 소시민으로서 스스로에게 되묻는다. '알 게 뭐람?' 그사이 큰 거짓말쟁이들의 거짓말은 점점 더 대담해지고, 큰 불의를 자행한 사람들은 점점 더 뻔뻔해져, 그 경계를 모호하게 만든다. 그렇게 점점 더 해 먹기 좋은 세상이 된다. 안타깝지만 그게 현실이다.

비난 올림픽 뒤에
가려진 모습을 보라

앞서 말했듯 작은 불의와 큰 불의가 때때로 법률이라는 틀 안에서도 적절하게 분류되지 않는 상황에서, 쪼잔하고 쩨쩨하게 나누어서 이리저리 따지는 것보다 속 편한 방법은, 좋은 건지 나쁜 건지 단순하게 일도양단으로 분류하는 것이다. 정의와 불의, 좋은 것과 나쁜 것, 좋은 놈과 나쁜 놈처럼. 이렇게 하면 확실하고, 쉽고, 재미있다.

그렇다면 대한민국에 나쁜 놈은 몇이나 있을까? 여러 기준이 있겠지만, 눈에 쏙 들어오는 기준을 하나 잡아보자면 형사 처벌 여부를 들 수 있겠다. 2020년 통계에 의하면, 전 국민의 약 29.8%가 벌금 이상의 전과 기록을 보유하고 있다고 하니, 1/3

정도는 전과자라 하겠다. 막무가내 기준이지만 전과 유무로 판단한다면, 대한민국 국민 중 2/3는 좋은 놈, 1/3은 나쁜 놈이다. 숫자로 치면 약 1,700만 명이 나쁜 놈인데, 생각보다 많다.

이런 단순 무식한 기준이 납득이 되는가? 사실, 근래 미디어를 통해 '나쁜 놈'들에게 가해지는 비난의 화살은 이것보다도 더 단순 무식하고 직관적이다. '나쁜 짓을 하면 나쁜 놈'이라는 기준이라고도 볼 수 있을 텐데, 여기서 '나쁜 짓'이란 '보는 사람 입장에서 나빠 보이는 짓'이다. 기준이 너무 모호하고 주관적이지 않으냐고? 당연히 그렇다. 그러나 어쩔 수 없다. 평가하는 사람 마음이기 때문이다.

인터넷 뉴스 포털만 봐도 늘 어마어마한 숫자의 비난 댓글이 달려 있다. 대개 나쁜 놈들을 욕하는 내용이다. 그 댓글들은 도덕적 규범을 기반으로 강도 높은 비판을 쏟아낸다. 여기서 항상 눈에 띄는 점은 '도덕적 비난 가능성의 정도'라든지 '잘못의 경중'에 대해서 전혀 생각해 보지 않은 듯한 댓글이 대부분이라는 것이다. 일단 잘못했으면 나쁜 놈이고, 나쁜 놈은 벌을 줘야 하고, 기왕 벌주는 거 끝장내자는 식의 이야기가 빈번한데, 잘못의 경중에 대한 규범적 판단을 훈련받은 바 없는 사람으로서 적당한 선을 잡기가 대단히 어려울 수밖에 없다.

예전에는 비교적 얼굴이 잘 알려져서, 미디어에 쉽게 노출되고, 금방 소문이 날 수 있는 사람들이 손가락질받는 나쁜 놈들의 대표주자였다면, 이제 나쁜 놈의 범주는 더 넓어지고 있다. 예컨대, 식당 주인들이 밥값을 안 내고 도망간 사람들을 경찰서에 신고하는 것도 모자라, CCTV에 찍힌 영상을 인터넷에 올리니 말이다. 친구끼리 나눈 대화에서 섭섭한 점이 있으면, 그것도 인터넷 게시판에 올린다. 그리고 온라인 공간에 모인 사람들은 섬세하게 따지기보다는 저마다 생각하는 도덕적 이상향에 비추어 보았을 때, 부족함이 있는 것은 스스럼없이 지적하고, 손가락질하고, 비난한다. 이처럼 댓글 앞에선 누구나 흠잡을 데 없는 도덕군자가 된다. 역설적이게도 이런 사람 속에도 산술적으로 보면, 1/3은 벌금 이상의 전과가 있을 것이다.

꼭 도덕적으로 흠 없는 사람만이 도덕적인 비난을 가하는 댓글을 달아야 한다는 입장이라거나, 혹시 부덕한 사람이 컴퓨터 앞에 앉아 도덕을 논하는 것이 역겹다는 개인적 감상을 이야기하는 건 아니다. 다만, 나의 관찰에 기반해 판단하자면, 우리 사회에서 직접 목격할 수 있는 평균적인 윤리 의식이나 도덕적 규범의 잣대보다도, 미디어를 통해 전달되는 사람들의 도덕적 판단과 의견은 훨씬 더 엄숙하고, 완벽주의적이다.

이런 도덕적 엄숙주의 경향은 그 단어와는 어울리지 않게 하나의 스포츠로 세간에 자리 잡은 것처럼 보이기까지 하는데, 일단 조금이라도 빈틈을 보이면, 그 틈을 겨냥해 다양한 비난이 쇄도한다. 전 국민 중 1/3이 전과자인 나라에서 도덕적 엄숙주의를 바탕으로 형사 처벌을 받는 범죄이든, 과태료 처분이든, 단순한 행정적 지도이든, 빈틈만 보이면 몹쓸 놈이 되어, 강도 높은 비난을 감수해야 하는 것이다. 물론 꼭 허물없는 자만이 손가락질하고, 비난할 수 있는 것도 아니고, 그 의견은 의견 자체로 표현의 자유를 보장받아야 한다. 그러나 작은 잘못조차도 국가가 허용한 제도 밖에서 악착같이 단죄하려고 하는 사회 분위기는 과연 어디서 비롯한 것인지 나에게 궁금증을 자아내게 한다.

대한민국이 OECD 국가 중 사법 신뢰도 부문에서 만년 최하위권을 기록하고 있다는 것은 잘 알려진 사실이다. 사법 기관뿐만 아니라, 정부, 정치인, 공적 기관 등에 대한 신뢰도도 상당히 낮은 편이다. 형사사법 절차에 한정해서 보면, 법원을 포함해 경찰, 검찰 등 수사 기관에 대한 신뢰도도 낮다. 잘못한 사람은 벌을 받고, 정의로운 사람이 승리한다는 결론이 도출되어야 하는데, 사법 시스템에 맡기면 이런 당연한 결론을 얻지 못할 공산이 크다는 국민적 불신에 힘입어, 부도덕한 파렴치한은 꼭 사법 절차에 의해 단죄할 것도 없이 사적인 제재를 가하고, 어차피 뻔한 사건은 볼 것도 없이 국민의 이름으로 결단해야 한다는 감성을 많은 국민이 공유하는 것만 같다.

과연 사법 절차를 통해 죄를 지은 자를 적절히 단죄할 수 있을까? 어느 정도의 처벌이 적당한 것일까? 이전의 함무라비 법전처럼 동태복수법에 따라 피해를 준 만큼 되돌려주기만 하면 되는 걸까? 응당 내가 한 대 얻어맞으면 상대방을 한 대 때려주고, 내가 재산상 피해를 보았으면 그만큼 똑같이 재산상 피해를 돌려주는 과벌은 직관적으로는 이해하기 쉽지만, 우리 사회가 얼마나 복잡하게 돌아가고, 그에 따라 범죄의 실체를 파악하기조차 어려운 범죄가 얼마나 많이 있는지를 판단해 보면, 금방 바보 같은 생각이라는 결론에 도달한다. 예컨대, 저런 단순한 원칙으로 공무원들의 직무 유기 범죄를 어떻게 평가하고, 어떻게 과벌할 수 있겠는가? '똑같이 당하게 해야 범죄가 안 일어난다.'는 인터넷 뉴스 댓글난의 의견은 그저 댓글로만 남아야 할 것이지, 정상적인 사법 시스템이 자리 잡은 현대 문명국가 중에서 그 정도의 원칙만으로 죄와 벌을 정하는 나라는 단 한 군데도 없다. 그렇게 해선 될 것도 안 되기 때문이다. 이에 따라 죄와 형벌은 국회에서 국회의원들이 법을 만들어 정해야 하는 것이고, 그에 대해 사회적인 불만이 누적되면, 입법 과정을 통해 법도 서서히 변화하기 마련이다.

여기서 숙명적으로 발생할 수밖에 없는 문제가 범죄 피해를 본 사람 중 자신이 입은 피해만큼 가해자에게 돌려줄 수 없는 경우가 많다는 점이다. 아쉽지만, 사적 복수와 구제가 법으로 금지된 우리나라 제도하에서 피해자가 할 수 있는 방법은, 수사 기관에 수사가 개시되도록 수사의 단서를 제공해 주고, 그나마 증거라도 찾아주고, 필요하면 증언을 하고, 그 이후에는 사법 기관의 처분을 기다리는 정도이다. 분명 나는 큰 피해를 봤는데, 가해자가 그걸 돌려받을 때까지는 오랜 시간이 걸리고, 그마저도 수사 기관이 어떻게 수사했느냐, 남아있는 증거가 얼마나 있느냐에 따라 처벌하지 못하는 경우도 발생하다 보니, 이런 경험을 해본 이들일수록 국가에서 해줄 수 있는 것에는 한계가 명확하다는 생각을 갖게 되는 듯하다.

이런 생각 사이에서 사법에 대한 불신이 자라나는 것은 어찌 보면 피할 수 없는 운명이라고까지 생각된다. 사실, 사법에 대한 불신은 비단 우리나라만의 문제가 아니다. 초강대국인 미국을 예로 들어도, 2022년 말 연방 사법부에 대한 국민의 신뢰도가 50%가 채 되지 않을 정도로 완벽히 신뢰받는 사법 시스템이란 상상하기가 어렵다. 즉, 사법 시스템이 신이 아닌 이상, 공정하고, 정의롭기 위해 끊임없이 노력해야 할 뿐이지, 그 존재 자체로 공정하고, 정의롭기는 어렵다는 말이다.

그리고 이러한 사법과 제도에 대한 불신 사이에서 피어나는 것이 작금의 도덕적 엄숙주의다. 앞서 이야기했다시피 세상에는 나쁜 사람이 많고, 우리 국민 중에 전과자도 많다. 그러나 1/3이 전과자이면, 국민의 1/3이 죽일 놈인 걸까? 무시무시한 전과자 꼬리표가 붙었는데, 다 파렴치하고, 비난받아야 마땅한 사람들일까?

솔직히 이런 질문은 난센스에 가깝다. 전과자 중에도 어떤 사람은 살인죄를 저질렀을 것이고, 어떤 사람은 전과 20범일 것이고, 어떤 사람은 불의의 교통사고로 전과가 생겼을 것이다. 죄에는 경중이 있고, 그에 따른 과형은 국회에서 법률로 정하므로, 일단 사법적인 판단을 한번 거쳤다면, 누군가가 미리 깊이 고심한 기준에 따라서 엄격하게 재판하여, 얼마나 잘못했는지를 대략 따져보았다는 소리가 된다. 이런 규칙에 따라, 누군가는 10년 징역을 살고, 누군가는 500만 원의 벌금만 낸다. 이로 미루어 봤을 때, 법률과 판사의 판단이 많은 사람이 우려하는 것처럼 터무니없이 자의적인 경우는 생각보다 많지 않은 듯싶다. 완벽하진 않을지라도, 사법 시스템을 구축하고, 운영하는 과정에는 사건의 표면만 보고, 본능에 의존해 인터넷 뉴스에 댓글을 다는 사람들보다는 더 많은 숙려와 고민이 담겨 있으니까 말이다.

그런데 도덕적 엄숙주의로 분노와 본능적인 비난을 포장하면, 이런 제도적 고민과 비교했을 때, 0.1%도 안 되는 고민의 깊이만으로도 제법 그럴듯한 말을 할 수 있다. 이런 죄를 지었으면 사형, 저런 죄를 지었어도 사형, 이런 나쁜 놈들은 징역 10년, 저런 나쁜 놈들도 징역 10년, 제대로 판단 안 한 판사도, 검사도 징역이라고 이야기하기는 쉽다. 나쁜 사람들은 벌을 받아야 한다는 것이 어렸을 때부터 배워 온 간단한 권선징악의 메시지라서 그들을 함께 욕하고, 손가락질하는 것은 마음도 편하고, 손쉬운 방법이니 말이다. 잘못했으니 벌을 받는 건데, 나쁜 놈들 사이에서 죄의 경중을 평가해봤자 어차피 다들 범죄자인데 무슨 상관이겠는가?

나쁜 놈들이 벌 받는 것이 잘못된 일은 아니지만, 이런 생각에 기초해서 정당화된 분노는 계속해서 먹어 치울 대상을 찾고, 분노를 증폭시킨다. 거기에 사법 시스템은 제대로 작동하지 않고, 하더라도 너무 느리다는 공감대에 힘입어, 대담한 여론 재판과 복수가 뒤따르기도 한다. 이렇게 집단적인 분노가 일상이 되면, 그때부터는 누가 누구를 어떻게 단죄하는지가 뒤죽박죽된다. 죄의 경중이나 파렴치함과는 별개로 더 많은 사람에게 강한 자극을 주는 소재, 더 쉽게 표현되는 소재가 더 이목을 끌고, 그에 따른 연쇄적인 반응도 더 쉽고 크게 일어난다.

일례로 공짜로 밥을 먹고 도망간 무전취식 손님은 파렴치한 사람일까? 물론 그렇게 평가할 수 있겠다. 그런데 그런 손님의 행동이 공무원의 부패나 정치인의 권력적 비리보다도 더 비난 받을 만한 일일까? 그에 대해 사람마다 어떤 감상과 감정을 갖 는지는 자유겠지만, 자영업자의 마음을 아프게 한 범죄를 저지 른 사람을 죽어 마땅한 중범죄자라고 평가하는 것은 제도 구성 측면에서는 큰 과오가 될 것이다. 그렇지만 무전취식 장면이 담 긴 CCTV와 치사하게 발뺌하는 모습은 사람들의 강한 관심을 불러일으키고, 말초적인 분노를 유발한다.

때로는 사람들이 가깝고 쉬운 것에는 쉽게 반응해 열을 내지 만, 사회에 산적한 더 큰 불의와 불법에는 관심조차 가지지 않는 것이 비현실적이라는 생각조차 들 때가 있다. 그러나 도덕적 엄 숙주의가 깊이 물들어 있어, 한 가지의 잘못만으로도 엄청난 단 죄와 과벌을 기대하는 사람이 천지인 것이 전혀 이상하게 느껴 지지 않는 세상이다.

도덕적으로 엄숙한 것이 무엇이 잘못인가? 도덕적 기준이 잘 서 있는 사회, 사람들이 도덕적인 사회는 사실 그 개념 자체로는 나쁠 것이 하나도 없다. 그렇지만 내가 바라보는 도덕적 엄숙주 의는 그럴듯해 보이는 그 간판의 그늘에 숨어들어, 그것을 교묘하게 이용하고자 하는 사람들 입장에서 써먹기 좋게 되어 있다.

더불어 정치인들의 부패, 공공 기관의 부정, 교묘한 방식으로 드러나지 않게 설계된 구조적 불의는 국민의 한두 사람만이 관심을 둔다고 해서 예방하거나 고치기가 어렵다. 그중 많은 문제는 이해하기가 너무 어려워서 관심을 받지 못하기도 한다. 심지어는 일부러 이해하기 어렵게 만들어 사람들의 관심을 피해 가는 경우도 있다. 이로 인해 모든 사람이 복잡한 문제를 완벽히 이해할 것을 기대할 수는 없다. 그래서 미디어와 저널리즘의 역할이 중요하다. 누군가는 모르는 소식을 전해주고, 누군가는 이해하기 어려운 것을 풀어서 설명해 줄 필요가 있다.

그렇다고 해서 부도덕한 행위, 불법적인 행위를 감시하는 국민적 감시의 총량은 무한정 증가할 수 없다. 그런데 사람들 마음속의 도덕적 엄숙주의가 '눈에 보이는 나쁜 것들은 다 없애버려야 한다.'는 단순 무식한 사고방식으로 귀결될수록 미디어는 손쉬운 불의와 부도덕성을 소재로 소비하며, 이를 확대 재생산한다. 국민 일반은 물론 미디어와 저널리즘이 소화할 수 있는 소재의 범위와 깊이에도 한계가 있을 수밖에 없는데, 가령, 정당제도나 선거구 따위의 복잡하지만 중요한 문제보다는, 무전취식을 하고 도망간 사람에 대한 비난이 훨씬 더 많은 관심과 호응을 얻는다면, 사회적 관심의 크기에 비례해 감시와 통제를 요구하는 목소리도 그쪽으로 더 쏠릴 수밖에 없다.

한편, 우리 사회 구성원 모두가 더 잘 먹고 잘살면 좋겠다는 희망 사항에 반론이 있는 사회 구성원은 많지 않을 것이라고 믿는다. 그런데 무전취식을 하고 도망간 파렴치한을 붙잡고, 망신 주는 것까지는 좋지만, 그 상황을 두고 온 국민이 달라붙어서 고민하고, 비난할 만한 집단적인 가치가 있는 걸까?

규모를 한 가족의 이야기로 줄여서 비유하자면, 4인으로 구성된 식구 모두가 조금 더 잘 먹고 잘살려는 염원을 안고 살아가는데, 밥상머리에 모여서 막내아들 지우개를 훔쳐 간 막내아들 짝꿍을 욕하느라 가족 식사 시간을 다 쓰는 것보다는 막내아들이 학교에서 받는 수업이 적절한지, 다른 어려움은 없는지에 대한 대화를 나누는 것이 응당 더 가치 있는 일이 아닐까?

사회 구성원들을 이렇게 단순한 감정적 소비와 소모적 분노에 길들이면, 매체 권력을 가지고 있는 이들과 대중의 눈을 속여서 복잡하게 나쁜 짓을 저지르려는 사람들은 신이 난다. 이미 존립 기반이 탄탄한 매체를 보유하고 있는 사람들은 그게 기성 언론사이든, 뉴미디어든, 이른바 '렉카'라고 불리는 유튜버가 되었든 간에 가장 쉽게 소비될 수 있는 자극적인 소재로 분노를 일으키기만 하면 된다. 엄숙한 도덕적 준거에 따라 '잘못했으니 나쁜 놈'이라는 명쾌한 판단을 내릴 수 있는 상대에 대한 분노에 기름만 부어주면, 깊은 고민 없이 돈도 벌 수 있고, 다른 불이익을 각오할 것도 없어서다. 동시에 일차원적인 분노에 사람들이 관심이 팔려 있으면, 고차원적으로 나쁜 짓을 저지르는 사람들은 그들대로 행복하다. 규범적으로 진지하게 고민하여 평가해 보면 본인들이 훨씬 나쁜 놈이지만, 겉으로 보기에 무전취식처럼 분명하고 뚜렷하게 보이는 불의는 아니라서, 아무도 눈치채지 못하는 사이 나쁜 짓을 준비할 시간도 넉넉하고, 도망칠 구멍도 다양해지니 말이다.

이 같은 작금의 사회적 분위기에서 횟집에서 30만 원어치 회를 먹고, 계산을 안 하고 도망간 사람을 죽일 놈으로 만드는 것은 아주 쉽다. 도망간 장면만 찍힌 CCTV만 인터넷에 올려도 금방 사회적인 공분을 사서 나쁜 놈이 되는 건 물론, 그 어느 사법 절차보다도 빠르게 그들을 단죄할 수 있다. 반면, 보이지 않는 곳에서 억 단위가 넘는 금액을 슬금슬금 빼돌린 부패 범죄는 꺼내서 보여줄 무언가가 없는 경우가 많다. 보여주고 싶어도 무전취식만큼 강력한 임팩트를 줄 수 없을 가능성이 크다.

아직도 우리 사회 구석구석에는 무전취식 따위와는 비교도 안 되는 큰 범죄 행위가 버젓이 이루어지는데, 눈에 보이지 않는다는 이유로 관심을 받지 못한다. 관심만 가진다고 다 고쳐지는 것은 아니겠지만, 분명히 국민 여럿의 눈이 더해진다면, 보이지 않는 것이 더 보일 수는 있을 것이다. 그러나 도덕적 엄숙주의는 '죽일 놈'과 '아닌 놈'만 있지, 그 흑백 기준 사이의 그러데이션을 보기가 대단히 어렵다.

도덕성을 지키는 것은 개인이든, 사회든, 정말 어려운 일이다. 그런데 나쁜 놈은 다 죽여야 한다는 단순한 생각으로만 바라본다면, 교묘하게 숨어서 나쁜 짓을 하는 사람들의 손에 놀아나기 딱 좋다. 누군가 잘못을 했다고 손가락질하면, 몰려가서 욕하기 바쁜 세태에서 가장 행복한 사람들은 단순한 사고로는 이해하기 어려운 방식으로 큰 도둑질을 하는 파렴치한들이다.

이쯤에서 숨은 뜻은 다르겠지만, 김수영 시인의 〈어느 날 고궁을 나오면서〉라는 시가 생각난다. "왜 나는 조그마한 일에만 분개하는가/저 왕궁 대신에 왕궁의 음탕 대신에/50원짜리 갈비가 기름덩어리만 나왔다고 분개하고/옹졸하게 분개하고 설렁탕집 돼지 같은 주인 년한테 욕을 하고." 달라진 게 있다면 이제는 갈비가 기름덩어리만 나오면 뉴스거리가 된다는 것. 다시 한번 말하지만, 그게 뉴스거리가 되면 될수록 기분 좋은 사람들은 따로 있는 법이다.

여전히 부패한 공권력은 존재한다

도덕적 엄숙주의를 거들먹거리며 어려운 말로 떠들었는데, 무전취식과 같은 잡범들과는 비교도 할 수 없을 만큼 더 나쁜 짓은 뭐가 있을까? 세상에는 나쁜 짓도, 나쁜 놈도 무지막지하게 많지만, 사실 묻지도 따지지도 않고, 자신 있게 비난을 가할 수 있는 것은 공권력의 부정부패다.

여기서 질문 하나 하겠다. 당신은 뇌물을 받는 공무원을 본 적 있는가? 뇌물 받은 것이 적발돼 뉴스에 보도 되는 사람 외에 실생활에서 뇌물을 받는 공무원을 본 경험이 있는 사람도, 그렇지 않은 사람도 있을 것이다. 당연히 개인마다 경험은 매우 다를 것 같은데, 혹, 요즘 세상에 뇌물 받는 사람이 어디 있을까 싶은가? 아니면 뉴스에 나오는 건 빙산의 일각이고, 실제로는 훨씬 더 만연해 있을까?

이 책의 컨셉이 '내가 미리 알았었더라면 좋았을 내용'을 늘어놓는 것이니, 조심스럽지만 허심탄회하게 말하자면, 여전히 행정부처, 법원, 검찰, 경찰 공무원 할 것 없이 부패한 공권력을 찾기란 어렵지 않다. 내가 직접 목격한 것만도 그러하다. 솔직히 지구상에 그러한 부패가 전혀 없는 공공조직을 찾을 수 있을까 싶은 생각도 든다. 심지어 오래 사용한 물건에 때가 타듯, 고여 있는 공권력에는 어김없이 부패가 자리하는 듯도 하다. 그나마 부패를 감시하고, 방지하는 제도적 체계가 자리 잡혔으니, 아마도 내가 어렸을 적보다는 훨씬 나아졌을 것이라고 믿는다. 그래도 아직 많다. 이것은 내가 맹세코 사실이라고 확언할 수 있는 팩트이다.

이렇게 뇌물, 부정부패와 같은 공공 영역에서의 거창한 불의를 이야기하지 않더라도, 사적으로 금품을 주고받고, 특별한 대접을 기대하는 문화는 우리 주변에서 수십 년간 어색하지 않게 자리 잡고 있다. 일례로 지금이야 분위기가 퍽 달라졌지만, 내가 어릴 때만 해도 스승의 날에 선생님에게 꽃이나 다른 선물을 하는 것이 크게 문제 삼을 만한 일이 아니었다. 나의 어머니도 수십 년 동안 교육 공무원으로 근무하다가 은퇴했는데, 기억을 더 듬어 보면, 스승의 날 카네이션이나 간단한 꽃 외에는 돌려보내고, 선물을 받아오는 일이 없었다. 또 이따금 학부모들이 찾아와 촌지를 건네거나, 대뜸 선물을 하는 것도 얄짤없이 돌려보내곤 했다. 나는 그것이 당연하다고 배웠고, 지금도 그렇게 생각한다.

그런데 나와 내 가족이 그렇게 생각한다고 해서 세상 사람 모두가 그렇지는 않은 법. 맞고 틀리고를 떠나서, 나는 이런 순진한 생각대로만 세상이 돌아가지는 않음을 고등학교를 졸업하고도 어느 정도 시간이 지난 후에야 깨달았다. 다름 아니라, 모교에서 22억 규모의 불법 찬조금 문제가 의심되어 검찰 수사를 한 결과, 이사장과 교장, 행정실장이 횡령 혐의로 불구속 기소된 사건이 터진 것이다.

사실, 이는 관행이라는 이름하에 교사들의 회식비 등을 학부모들이 제공한 것이 맥락 없이 언론 보도를 통해 알려져 사건이 커진 감이 없지 않은데, 당시 학교에 직접 다니며, 별다른 부조리를 느끼지 못했던 나의 입장에서는 엄격한 법의 잣대에 비추어 일도양단으로 해석하기는 어려운 문제라는 생각을 하고 있다.

그러나 내가 충격받았던 것은 이 사건이 불거지며, 함께 학교

생활을 했던 일부 동기와 후배들이 이 사건과는 별개로 당시 존재했던 부조리에 대해 성토하는 내용 때문이었는데, 학부모들의 촌지를 은근히 요구하거나, 그것을 받는 것을 아무렇지도 않게 생각하는 일부 교사가 있었다는 것이다. 그 진위는 확인할 방법이 없으나, 그러한 이야기를 하는 동창들이 적지 않은 것으로 보아선 완전히 헛된 말은 아닐 듯싶다. 나는 다행히도 그런 촌지나 선물을 주지 않았다고 학교생활에서 불이익을 받았다거나, 아쉬움이 남는다는 생각은 전혀 없어서 좋은 선생님들을 만난 데에 감사한 마음이지만, 같은 모교를 졸업했더라도 이 문제에 관해 느끼는 감정은 다양하지 않을까 한다.

앞서 언급한 사례도 그렇지만, 사립학교는 공공의 통제가 강한 영역임에도, 사립학교 교사와 학생, 혹은 학부모 간의 관계를 공무원과 민원인의 관계처럼 공적 관계라고 인식하기보다는 민간의 영역이라고 인식하는 사람이 더 많을 것 같다. 그런데도 이렇게 교육 현장에서 나타나는 촌지 같은 현상처럼, 민간의 영역에서 나타나는 거래를 왜곡하는 비공식적 금품의 수수는 나를 아직도 당혹스럽고, 어지럽게 한다. 더군다나 나는 직업 수행의 세계라는 것이 서로 간의 규정을 지키며, 깔끔하게 자신이 해야 할 일만 정확히 해내면 되는 것이 아닌가 싶었는데, 사회 초년생부터 목격한 온갖 숨은 거래와 이에 터 잡은 사적인 이익 추구

행위는 갓 대학을 졸업한 나를 무척이나 당황스럽게 했다.

한편, 형법 제357조는 배임수재죄를 규정하는데, 타인의 사무를 처리하는 자가 그 임무에 관하여 부정한 청탁을 받고, 재물 또는 재산상의 이익을 취득하면, 처벌하게 되어 있다. 쉽게 설명하자면, 회사 구매팀장이 거래처에 물건을 비싸게 매입해 주는 대가로 금품을 수수하면, 처벌받을 수 있다는 이야기다. 특정경제범죄 가중 처벌 등에 관한 법률은 이와 관련해 금융 회사 등의 임직원이 그 직무에 관하여 금품이나 그 밖의 이익을 수수하면, 더 강하게 처벌한다. 금융 회사에 다니는 사람들이 일반적으로 이 법률의 규정을 얼마나 잘 알고 있을지는 모르겠지만, 그걸 아는지 모르는지 내가 사회에서 마주한 다수의 직장인, 특히 저축은행을 비롯한 제2금융권의 임직원은 아주 용감하게 교도소 담벼락을 타며 사익을 추구했다.

누가 문제 삼지만 않으면 어차피 상관없다는 생각인지는 모르겠지만, 중소기업은 물론 대기업부터 금융 회사까지 자신이 지닌 권한을 이용해, 회사에서는 허용하지 않는 이익을 취하려고 노력하거나, 심지어는 그것이 당연히 자기가 챙겨야 할 몫이라고 합리화하는 모습을 보며, 먹고사는 문제에 있어서는 평범한 사람도 쉽게 악당이 된다는 게 처음에는 매우 놀라웠다. 그리고 그들과 동화되기가 쉽지 않다고 느껴, '나는 사업을 해서는 안 될 사람인가보다.' 하는 생각을 하기도 했다.

　아무튼 내가 직접 그들과 내통하는 거래 상대방이 되지는 않았고, 그들과 함께 배임수재 하며 내 인생을 걸 일도 없었지만, 흔들리는 사회 경제 정의를 지키기 위해 내 몸을 던져 그들을 막을 역량도 없었고, 어차피 피해는 그들이 자리 잡은 회사들이 주로 보고 있으니, 단속할 것은 그 회사라는 판단에 굳이 산통을 깨는 정의로운 고발자가 될 일도 없었다. 이런 어중간한 방관자적 태도의 업보인지는 몰라도, 비교적 최근에는 국내 굴지의 대기업에서 부장 직함을 달고서 차명으로 법인을 만들어 하청 용역 대금을 빼돌렸다가 결국 적발된 사람에게 속아 회사에서 억 단위의 돈을 떼이기도 했다. 10년 전이라면 모두 내가 겪으리라고는 상상조차 못했을 일들이다.

　나는 지극히 건전한 교육을 받았고, 그런 직선적이지 못한 거래에 대해서는 잘못됐다는 생각이 굳어 있었고, 나아가 그런 것이 가능하지 않다고 믿으며, 그 외에는 상상을 잘 못하던 부모님 슬하에서 성장했다. 사정이 그렇다 보니, 대학을 갓 졸업해 사회에 나와 그런 모습을 보고는 '대체 이게 어떻게 된 일인가?' 하며 놀랄 따름이었다. 연구원만 하다가 일찍 별세한 아버지와 평생 교육 공무원만 하다가 퇴직한 어머니가 보여준 세상이 대부분이다 보니, 이런 동물적인 감각으로 살아가는 사람들의 세계를 보거나, 경험할 일이 없었던 것이다.

내가 이런 일련의 일화 중 가장 큰 충격을 받았던 것은 28살이 되던 해에 겪은 일이었다. 내 생애 처음으로 돈을 요구하는 공무원을 만난 것이다. 법원에서 일하던 그 공무원은 내가 업무상 알게 된 지인이 서둘러 처리할 일이 생기자, 신속하게 진행해 줄 테니 "이것만 있으면 된다."며 손가락을 펼쳐 숫자 '5'를 표현하는 제스처를 취했다. 일이야 어떻게 되든 간에 당사자끼리 해결하라고 나는 슬쩍 빠졌지만, 그때까지 법원에 가지고 있던 환상과 믿음이 산산조각 나는 순간이었다.

사실, 법원에서 사무를 담당하는 공무원들이 금품을 요구하거나, 집행관실에서 각종 비리가 있어 검찰의 수사 대상이 된 것은 어제오늘의 일이 아니기는 하다. 등기 업무의 경우에는 오늘 처리하느냐, 내일 처리하느냐에 따라 큰돈이 왔다 갔다 할 수 있어서, 절차의 편의를 봐주는 '급행료' 등을 주고, 순서를 앞당기는 등의 문제가 공공연했다. 이런 문제가 오랫동안 지적되자, 뇌물을 받고 업무를 처리해 주는 관행에 대한 수사가 개시돼 구속된 사람도 있었고, 강한 형사 처벌을 받은 일도 있었기에, 그런 일이 있을 수 있겠다는 생각을 전혀 하지 못했던 것이다. 그렇지만 현실은 정반대였다.

법원은 공정하고, 정의롭다는 사람들의 생각과 달리, 이런 고질적인 부패 문제는 아주 뿌리 깊이 자리 잡고 있었으나, 그나마 최근에 들어서야 많이 개선된 것이다. 한 판사 출신의 선배 변호사가 해준 말에 따르면, 30년 전에는 간단한 소송 사건의 서면을 접수한다고 해도 서면 뒤에 현금 5,000원씩을 붙여서 제출하고, 그걸 접수 담당 법원 사무직원이 자기 주머니로 챙기는 것이 관례처럼 굳어져 있었다고 한다. 지금에서야 전자 소송이 일반적이고, 법원의 내부통제 시스템도 많이 개선된 것으로 보이지만, 과거에 이러한 부정부패로 인해서 얼마나 많은 일이 왜곡되고, 부당하게 처리되었을지 생각해 보면 정말 아찔하다.

이처럼 법원 내부의 직원들뿐만 아니라, 소송 절차에서 객관적인 제3자로서 전문적인 의견을 제시해야 하는 감정인들의 부패로 인해 감정인 선정 절차와 체계가 바뀐 사례도 비교적 최근의 일이고, 강제 집행을 담당하는 집행관실의 부패로 형사 처벌이 이루어지는 일도 잊을만하면 생겨난다. 사경제 주체들이 내부 통제에 실패해, 직원이 회사의 몫을 자신의 주머니로 챙기는 모습만 봐도 머리가 어질어질했는데, 이렇게 법원 소속 공무원들마저 공무를 수행한답시고 권력을 쥐고, 자기 잇속을 챙기는 일을 현실에서 겪노라면 아뜩하기만 하다.

문제는 공공의 영역 밖에서는 치사하고 아니꼬우면 거래를 끊거나, 때려치운다는 옵션이 있는데, 공공의 영역에서는 그런 선택지가 제한적이거나, 아예 없는 경우가 상당히 많다는 것이다. 최근 제도적으로 특정 공무원을 기피하거나, 민원을 통해 담당자를 교체하는 방법이 갖추어져 있으나, 그것이 불가능한 경우가 아직은 훨씬 많다.

주로 법원의 사례라서 법원을 타깃으로 험담하고 있는 것 같은데, 또 그런 것은 전혀 아니다. 내가 경험한 공공 영역 중에서 가장 중립적이고, 공정한 기관 혹은 적어도 그러한 측면에서 중립적이려고 노력하는 기관은 법원이다. 법원조차도 이럴진대, 구체적 사례를 언급하지 않은 검찰, 경찰, 국세청을 비롯한 기타 권력 기관과 행정부처는 더욱더 부패에 취약하고, 극단적인 사례도 많이 보인다.

이런 이야기를 하는 것이 나도 탐탁지 않고, 조심스럽기도 하다. 솔직히 나는 공무원들이 공무를 수행하는 것에 대한 고마움을 느끼고, 나라를 위해 일해주는 데에 대한 존경심을 가진 사람에 가깝다. 나로서는 할 엄두가 나지 않는 공무를 공직을 맡아 수행하는 공무원들을 격려해 주고 싶고, 항상 그들에게 감사한 마음을 전하려고 하고, 이따금 뛰어난 공무 처리가 있으면, 시간을 따로 내어 공식 채널을 통해 칭찬을 하기도 한다.

그러나 안타깝게도 그러한 훌륭한 공직자 사이에는 부패한 공무원들이 공무를 핑계로 자신의 주머니를 채우려고 노력하고 있다. 이것은 엄연한 사실이고, 내가 직접 겪어온 경험이다. 나는 내가 직접 이를 겪기 전까지는 지나치게 과장된 이야기이거나, 너무 드문 일이라서, 내가 직접 경험할 일조차도 없을 것이라고 막연하게만 생각했다. 그러나 그렇지 않다. 아직 공공 영역에서의 부패와 비리를 마주칠 가능성은 '일어나지 않을 법할 정도'로 희박하지는 않다.

그리고 이러한 부패와 비리 사이에 기생해서 사는 브로커들은 이를 이용해 자신의 잇속을 차리려고 고군분투한다. 형사 입건이 되면, 수사 기관에 금품을 살포하는 등의 방법으로 영향을 미쳐서 수사 결과를 바꾼다거나, 재판받을 때 이른바 전관예우를 통해 현직 판사에게 입김을 불어 넣어 재판 결과에 영향을 미친다는 등의 내용을 미끼로 막대한 돈을 받아 가는데, 정작 그게 제대로 전달되는지는 알 수가 없다. 내 경험에서 판단하자면 상상당한 금액이 브로커의 뱃속으로 들어갈 것이다.

더욱이 일반 공직자들은 돈 몇 푼에 직장, 연금, 명예를 모두 잃고, 수년간 감옥살이를 할 선택을 하지는 않는다. 그렇지만 이러한 정상적인 공직자들 사이에 섞여 있는 소수의 돌연변이가 일으키는 말썽 때문에, 사람들은 그 방식이 통할 것이라는 환상을 가지고, 브로커들의 손에 놀아난다. 그렇게 수천만 원에서 수억 원에 이르는 돈이 배달 사고로 중간에서 사라지는 것이 일상다반사이다. 21세기에 일어난다고는 믿어지지 않는 이런 웃지 못할 일이 오늘도 전국 각지에서 일어나고 있다.

정말 답답한 것은 이런 공공 영역의 부패와 비리를 일반 시민의 한 사람으로서 정확하게 파악하기도 어렵고, 혼자의 힘으로 바꿔 나가기도 대단히 어렵다는 부분이다. 나는 규칙에 맞게 차례대로 줄을 잘 서 있는데, 누가 새치기한다고 하면, 눈으로 보일 때는 이의 제기를 할 수 있겠지만, 내가 모르는 사이에 끼어드는 누군가가 있다면, 알 수 있는 방법조차 없이 피해를 보는 것이다. 그리고 공공 영역의 부패와 비리를 저지르는 이들이 그렇게 멍청하게 대놓고 돈을 받았다고 자랑하고 다니거나, 공공 청사 창구 업무를 보며 대놓고 면전에서 돈을 요구하는 것도 아니므로, 수사 기관조차도 그 실체를 파악하기가 쉽지 않다. 결국 문제로 불거지는 몇몇 케이스를 제외하고는 얼마만큼 깊은 수면 밑에서 조용히 이루어지는지도 알 수 없어서, 나처럼 경험으로 부패나 비리를 목격한 사람은 못미더운 생각을 떨쳐버리기가 어려울 수밖에 없다.

그런 가운데 한 가지 위안이 되는 건 공공 영역의 많은 부분이 전산화되고, 자동화됨에 따라, 공무원 개개인이 사무에 개별적으로 영향을 미치는 부분이 점점 줄어드는 것으로 보이고, 그에 따라 투명성이 높아져 간다는 점이다. 그러나 아직까지 그런 전산화와 자동화만으로 투명성을 담보할 수 없는 영역이 많고, 지금도 그런 미묘한 부분에서 어딘가 이상한 일이 일어날 가능성이 도사리고 있는 셈이다.

그래서 나의 자녀가 사회 초년생이 되었을 때, 나는 이런 경험과 이야기를 꼭 들려주고 싶다. 부패한 공직자들과 같은 눈높이에서 거래하고, 그들과 함께 범죄를 저지르라는 이야기는 할 수 없지만, 적어도 교과서에서 배웠던 것처럼 모든 것이 규칙대로 돌아가고, 모든 일이 도덕적 규범에 맞게 일어나고 있지는 않다는 점을 알아야만, 그들 앞에 펼쳐질 상황이 훨씬 더 잘 설명될 것이기에.

멕시코를 비롯한 일부 중남미 지역에서는 마약 카르텔이 활동 지역을 장악해, 검찰 및 경찰은 물론 군대까지도 매수하고, 국가 공권력 행사를 무력화해 무법 상태로 만들어, 수많은 사람이 죽고 죽이는 지옥도가 펼쳐지는 경우가 심심찮게 벌어진다고 한다. 이는 공권력이 극단적으로 부패하면 일어날 수 있는 일이다. 이런 상황에서 정상적인 교육을 받아 건전한 규범적 사고를 하는 개인이 할 수 있는 일은 과연 무엇일까? 혼자서 정의를 부르짖다가 마약 카르텔에게 끔찍하게 죽임을 당하는 게 정답일까? 의미 없는 삶은 아니겠지만, 그렇다고 나의 자녀에게 권하고 싶은 삶의 방식도 아니다.

그래서 공공 영역의 부패와 비리는 그야말로 답이 없다. 그걸 파헤쳐서 잡아내겠다고 선뜻 나서서 싸우는 것도 쉽지 않고, 그들과 결탁해 같이 비리를 저지르는 것은 더더욱 해서는 안 될 일이기 때문이다. 그러면 그런 어중간한 상황에서 대체 어떤 선택을 해야 할지가 마땅치 않게 되는데, 여전히 대한민국에서 그런 상황과 마주하는 경우가 왕왕 있을 수 있다는 건 한심스럽고도 안타까운 일이 아닐 수 없다. 일단 그럴 수도 있다는 것을 혹시라도 직접 경험해 보지 못한 사람들이 있다면, 이 책을 읽는 독자에게도 꼭 알려주고 싶다.

특히, 겉으로 보기에는 멀쩡한데, 안은 곪아 있는 공공의 영역이라면 어떻게 해야 할까? 정말 답이 없다. 그래서 무전취식했다고 뉴스거리가 되고, 사람들이 열을 올리는 것이 과연 맞는 일인가 싶다는 것이다. 나쁘긴 한데, 진짜 죽일 놈들을 내버려 두고, 이게 진짜 죽일 놈이라고 온 세상이 야단법석을 떨 정도로 나쁜가 하는 의문이 든다는 말이다.

PART 3

적당히 비뚤어진
세상을 꿰뚫어 볼
판단력이라는 무기

돈이 있어야
반성하는 법도 배운다

"돈 없고 권력 없이는 못 사는 게 이 사회다. 대한민국의 비리를 밝히겠다. 돈이 있으면 판검사도 살 수 있다. 유전무죄 무전유죄, 우리 법이 이렇다."

'홀리데이 사건'으로 더 유명한 지강헌 탈주 사건에서 지강헌이 인질극을 벌이면서 한 말이다. 알려진 바에 따르면 지강헌은 전과 11범이었는데, 560만 원 절도를 저지른 자신은 무려 17년을 복역해야 하지만, 72억 원을 횡령한 전두환 동생 전경환이 겨우 징역 7년을 선고받고, 그마저도 3년만 복역하고, 출소한 것에 불만을 품고 있었다고 한다. 결국 34세의 젊은 나이로 현장에서 사살됐는데, 워낙 영화 같은 인질극이어서 그가 했던 '유전무죄 무전유죄'는 지금까지 회자되고 있다.

판사나 검사가 접대받거나, 금품을 수수해서 물의를 빚고, 형사 처벌까지 받은 일은 드물지만, 종종 있었으니, 유전무죄 무전유죄라는 말이 꼭 틀린 것 같지는 않다. 그런데 그런 극단적인 몇몇 사례만 보고, 돈 있으면 죄도 없앨 수 있다는 이야기를 하면 맞는 것일까? 돈으로 죄까지 지울 수 있다면 너무 씁쓸한 세상 아닐까?

실체적 진실의 발견을 목표로 하는 형사 재판의 이념을 떠올려 보면 절대 그래서는 안 될 것 같지만, 안타깝게도 일부의 사례에서는 유전무죄 무전유죄가 통하는 경우가 있고, 상당히 많은 사례에서는 유죄가 무죄로, 무죄가 유죄로 둔갑하지는 않더라도, '유전경형 무전중형有錢輕刑 無錢重刑'에 가까운 결과가 나오는 듯하다. 슬프지만 전지전능한 신이 재판하지 않는 한 어쩔 수 없이 마주해야 하는 현실이다.

위에서 이야기한 바와 같이 유전무죄 무전유죄가 현실에서 드러나는 양태는 두 가지이다. 첫째는 그야말로 돈도 없고, 잘 모르니까 무죄를 받을 수 있음에도 허무하게 유죄가 되거나, 혹은 반대로 유죄인지 긴가민가하고, 애매한 것을 돈을 아끼지 않고 다투고, 따져서, 무죄로 만드는 경우이다.

이는 국가 형벌권 행사가 전지전능한 신이 모든 것을 꿰뚫어 보고, 지은 죄에 걸맞은 벌을 깔끔하게 주고 끝나는 방식이 아니므로 발생하는 일이다. 다시 말해, 형사 절차에서 공소 제기와 판결을 담당하는 것은 신이 아니라 인간이다. 국가 형벌권의 행사는 엄격하게 정해진 절차에 따라서 국가는 검사를 통해 죄를 묻고, 피고인은 그에 맞서서 대등한 위치에서 변호인과 함께 다투며, 객관적인 제3자인 판사가 결론을 내는 대심적인 구조에서 이루어진다.

물론 일선의 판사들이 피고인이 저지른 죄의 경중에 적절한 처분을 내리기 위해 고민하고, 온갖 변호인의 주장에도 불구하고 실체적 진실을 꿰뚫어 보며 정확한 판단을 하고자 노력하겠지만, 사건의 당사자와 신만이 아는 객관적 진실을 그 현장에 있지도 않았던 제3자가 판단하기에는 당연히 한계가 따를 수밖에 없다. 그래서 중립적인 심판의 입장에서는 검사의 편만을 들 수도 없고, 피고인의 편만을 들 수도 없다. 게다가 애초에 국가가 멀쩡히 자유롭게 잘 사는 피고인을 데려다가 애매한 이유로 처벌하면 안 되고, 이를 막기 위한 제도 확립을 위해 수많은 사람이 목숨을 바쳐가며 애써왔기에, 형사 재판은 죄의 입증 방법과 입증 정도가 엄격할 수밖에 없다. 그래서 피고인은 잘 싸우는 것이 중요하다. 이건 우리나라만 그런 것이 아니라 현대적인 형사 재판 제도를 가진 모든 나라가 공유하는 공통점이다.

그렇다 보니 자연스럽게 이런 싸움을 대신해 주는 용병의 존재가 중요하게 된다. 검사야 국가를 대신해 전문적으로 피고인과 맞서 싸우는 법률 전문가이니 싸움의 능력과 기술은 가장 뛰어날 것이다. 그러나 이에 맞서는 피고인은 아무리 전과가 수십 범이라도, 범죄를 많이 저질러본 것과 형사 절차에서 뛰어난 싸움꾼이 되는 것은 전혀 다른 문제이므로 싸움의 전문가라고 볼 수는 없다.

그래서 피고인에게는 그를 조력할 변호인의 존재가 재판의 결과를 바꾸는 아주 중요한 요소가 되기도 한다. 또한 굳이 재판 과정이 아니라도, 수사 과정에서 변호인의 존재는 가장 단순하게는 피고인이 허무하게 자백하지 않아도 될 일을 자백하지 못하게 한다거나, 적극적인 근거를 제시하며 설득해, 수사 기관의 판단을 바꾸는 데 영향을 주기도 한다.

변호인의 존재가 얼마나 중요한지를 알 수 있는 단적인 사례를 들면, 피고인이 돈이 없어 변호인을 못 구했는데, 긴가민가한 사안에 대해 허무하게 법정에서 자백해버리면 유죄를 피할 수가 없다. 만약 변호인이 있어서 사안에 대한 법적 관점에서의 검토가 가능해, 애매한 상황에서 자백하지 않게 되고, 나아가 애매하기 때문에 무죄도 받을 수 있는 사건이라면, 그야말로 유전무죄 무전유죄가 되는 것이다. 이렇듯 대심적인 재판을 통해 결론을 낼 수밖에 없는 제도적 틀 안에서는 유전무죄 무전유죄의 결과가 이따금 발생하는 것을 피할 수는 없다.

사실, 이는 형사 사건에 국한된 현상이 아니다. 민사나 행정 사건에서도 똑같다. 말했다시피 전지전능한 신이 결론을 내주는 것이 아니고, 다툼이 있는 당사자들끼리 싸우게 해보고, 그 결과에 따라 판사가 재판의 결론을 내주는 이상, 어떻게 싸우느냐가 결과에 미치는 영향이 큰 경우가 있을 수밖에 없다. 그런데 잘 싸우는 사람을 고용하려면 돈이 필요하니, 결국 돈 많은 사람은 싸움에서 유리하고, 이기기 어려워 보이는 상황에서도 곧잘 이기는 듯한 결과가 나타난다. 억울하기도 하지만, 이보다 나은 제도적 장치를 아직까지 발견하지 못했고, 국선 변호인부터 법률 구조까지 보조적 장치를 통해 이를 보완하려고 하고 있으니, 역사적으로도 그나마 제일 낫다고 평가된 이 제도를 획기적으로 고치거나, 뒤집어엎을 수 없다면 유전무죄 무전유죄의 결론으로부터 완벽히 자유로울 수 없는 구조적 모순이 있는 것이다.

그런데 이처럼 구조의 근원적인 한계에 가까워서 극복하기가 참 어려운 유전무죄 무전유죄의 문제와는 양태가 다르지만, 훨씬 흔하게 나타나는 유전무죄 무전유죄의 양상은 앞서 언급한 유전경형 무전중형이다. 유전무죄 무전유죄라고 하면, 없는 죄가 생기고, 있던 죄도 없어지는 것처럼 들리는데, 그보다 자주 발생하는 일이 이미 있는 죄로 인해 받는 벌이 가벼워지거나, 무거워지는 것이다. 엄격한 의미에서 유전무죄 무전유죄는 생각보다 자주 찾아보기는 어려운 반면, 유전경형 무전중형은 대부분의 사건에 해당하지 않을까 하는 생각이 든다.

이와 관련해 형사 피고인들을 경험해 보노라면 도대체 이해할 수 없는 사고방식을 가진 이들을 만나기도 하는데, 이유야 어찌 됐든 국가가 형사 제도라는 틀 안에서 변호사에게는 피고인의 이익을 충실히 대변해 검사와 맞서서 그 이익을 주장함으로써 실체적인 진실에 다가가도록 하는 임무를 부여했으므로, 변호사로서는 피고인에게 가장 이익이 되는 방식의 주장과 양형 변론을 준비하게 된다. 모든 사건은 저마다의 스토리가 있고, 피고인의 변명이 있겠지만, 결국 법은 근원적으로 논리 게임의 구조를 가질 수밖에 없어서 유·무죄 주장이나, 양형에 대한 주장은 법률과 법원이 정한 논리에서 가장 유리한 조건을 만족시키려는 노력을 기울이는 것이 일반적이다.

누구나 가장 와 닿을 법한 예를 들어보자면, 모든 죄를 인정하겠으니 벌을 가볍게 해달라는 양형 변론을 하는 경우, 피고인이 자신의 죄를 뉘우치며 작성하는 반성문에 대한 사례를 들 수 있겠다. 죄를 지어 재판받는 피고인들이 얼기설기 써서 제출하겠다는 반성문을 보면, 글솜씨가 대단하고 무슨 이야기를 해야 할지를 정확히 아는 사람이 있는 반면, 대부분의 피고인은 홀로 방치해두면 도무지 반성문이라고 생각하기에 납득이 되지 않는 글을 써서 내려고 한다. 유전경형 무전중형이라는 말이 머릿속에서 맴도는 이유는 바로 이런 일들 때문이다. 죄를 뉘우치고, 반성하는 것도, 누군가가 그것을 가르쳐주고, 지도해 줘야, 제대로 된 반성 혹은 그것을 하는 척이라도 할 수 있다는 것. 피고인이 진지하게 뉘우치고 있는지는 당연히 양형 요소로서 피고인이 어떠한 형을 받을지에 고려되는 중요한 요소 중 하나인데, 반성문이랍시고 작성한 글에 자신이 억울하다거나, 그럴 의도가 아니었는데 이해를 못하겠다거나, 맥락도 없이 한번만 봐달라거나, 구치소 생활이 너무 힘들어서 빨리 나가고 싶다는 등의 이야기를 하는 경우가 절대 드문 사례가 아니다.

유죄 처벌을 받을 것이 거의 확실한데, 판사에게 위에서 언급한 취지의 반성문을 제출하는 것을 이해할 수 있는가? 놀랍지만 오늘도 대한민국 어딘가의 구치소에서는 저런 이상한 반성문이 재판부로 송부되고 있을 것이다. 장담컨대, 이 글을 읽는 독자 중에도 막상 구속되면, 이 같은 실수를 저지르는 사람이 분명히 있을 것이라고 본다. 대개 자기 잘못을 인정하는 게 쉽지 않아서 그런 것인지는 모르겠지만, 핑계가 묻어나오지 않는 반성문을 쓰는 일을 사람들이 그렇게 힘들어하는 것인지 변호사가 되기 전에는 미처 알지 못했다.

상황이 이러하니 변호사 입장에서는 피고인에게 반성문은 왜 쓰는 건지, 어떤 내용이 들어가야 하는지, 진짜 반성하는 모습은 어떤 건지, 왜 반성해야 하는 건지, 모범적인 반성문이란 무엇인지, 구구절절 설명해 주지 않으면 좋은 반성문이 나올 수가 없다. 일례로 혼자 반성문을 쓰는 피고인의 재판 기록을 열람해 보니, 도저히 반성문으로는 볼 수 없고 재판부를 자극하는 내용으로 보여, 당장 반성문 쓰는 것을 멈추고 제대로 된 반성문만 심사숙고한 내용으로 작성하게 한 다음 확인 후 제출하도록 한 적도 있다. 그에 더해 이전에 냈던 반성문은 모두 정신 차리기 전의 피고인의 생각이었고, 이번에 쓴 반성문이 진짜 반성문이라는 내용을 강조했더니, 재판 결과가 좋았다. 만약 그 피고인이 변호사를 만나지 못해 쓰던 반성문을 계속 재판부에 제출했다면, 재판 결과는 그 반대였으리라고 확신한다. 같은 유죄더라도 집행유예와 실형의 차이가 있을 것인데, 이런 측면에서 유전경형 무전중형은 유효하다.

이뿐만이 아니다. 실무상 양형에서 가장 중요한 요소로 꼽히는 부분인 피해자와의 합의를 어떻게 추진하고 해내는가, 기타 범죄별로 정해진 양형 기준에 따라 감경 요소를 강조하는 자료를 수집하고, 이를 재판에서 어떻게 활용하는지에 대한 기술에 따라서도 재판의 결과는 많이 달라질 수밖에 없다. 한 언론 보도에 의하면, 집행 유예 비율이나 형법 제53조에 따라 범죄의 정상에 참작할 만한 사유가 있는 경우 형기 절반을 줄여주는 작량 감경 비율에서도 수치상 차이가 있다고 한다. 정확한 통계는 법원만이 알겠지만, 실제로도 당연히 그럴 것으로 생각한다. 이런 것들을 고려하면, 죄도 어떻게 받을지 배우거나, 누군가 도와주면, 더 가벼워지는 세상이다.

들으면 들을수록 억울하고 불공평한 세상인 것처럼 보인다. 때로는 유전무죄 무전유죄, 대부분이 유전경형 무전중형이라니, 이것의 옳고 그름을 논하는 것은 이 책의 주제를 넘어선다. 다만, 이 지점에서 되묻고 싶은 건, 세상에서 이렇게 돈이 있고 없고의 문제가 결부되지 않은 것이 얼마나 남아있는가 하는 부분이다. 어차피 발가벗고 태어나 죽을 때는 순서 없이 죽으니까 공평한 세상인 걸까? 글쎄다. 2018년 통계에 따르면 국내 소득 상위 20%와 하위 20% 집단 간 기대 수명은 지역별로 4.3년에서 7.6년까지 차이가 났고, 건강 수명은 9.6년에서 13.1년까지 차이가 났다. 유전무죄 무전유죄, 유전장수 무전단명, 유전건강 무전병약. 잔인해도 어쩌겠는가? 우리 모두가 마주한 현실이다.

세상에는 없어야 할
거짓말이 차고 넘친다

02

"사업가와 사기꾼은 종이 한 장 차이다."

  내가 지독히 싫어하는 말 중 하나다. 이 말을 처음 들은 순간
부터 지금까지 줄곧 싫어하는데, 성공하면 사업가고, 실패하면
사기꾼이라는 등의 비슷한 이야기가 많다. 세상 온갖 거짓말을
다 하더라도 성공만 하면 상관없다는 생각이 묻어나오는 것 같
아서다. 이런 사고를 이해 못해 대학교를 졸업할 무렵 창업한
후, 8년째 이렇다 할 성공을 못 거둔 것인가 싶기도 하다.

  결국 사기꾼으로 판명 난 사업가 숫자는 세기도 어려울 정도
로 많은데, 면면을 파헤쳐 보면 사기꾼인데도 그 본색이 드러나

지 않은 사람은 또 얼마나 많을까 생각하면, 사람들이 사업가와 사기꾼이 한 끗 차이라고 표현하는 것이 이해가 되기도 한다.

관련 사례로 장래가 촉망되던 한 창업자의 사기극으로 밝혀지며, 미국을 떠들썩하게 했던 바이오 스타트업 테라노스의 기업 가치는 한때 약 12조 원에 달했다고 한다. 스탠퍼드대학교 화학공학과를 자퇴하고, 10대의 나이에 실리콘밸리에서 테라노스를 창업해, 피 한 방울만 가지고도 수백 가지의 질병을 검사할 수 있다고 거침없이 거짓말을 하던 이 창업자는 결국 징역 11년 3개월을 선고받았다. 당시 스타트업이라는 것이 어떻게 돌아가는지 익숙하지 않은 사람들은 뉴스를 보며 충격을 받았겠지만, 그 잘난 스타트업을 8년간 운영해 본 입장해선 그런 일이 일어난 것이 그다지 놀랍지 않았다.

'어떻게 없는 걸 있다고 거짓말하고, 하지 않은 걸 했다고 거짓말하고, 불가능한 걸 할 수 있다고 거짓말을 할까?' 이는 20대 중반 갓 대학 교육을 마친 나의 생각이었다. 사실, 그 근본 기조는 변하지 않지만, 8년간 너무 많은 '자칭 사업가'들의 '구라'를 보고 나니, 이제는 그런 행태에 익숙해지기도 했고, 어느 정도 그들의 입장을 이해하기도, 아주 조금은 동화된 듯도 하다.

나는 스타트업 창업 초기, 벤처 투자를 받아 사업을 성장시키는 모델에 대한 이해가 현저히 부족했다. 세상에는 다양한 사업 구조와 그에 따른 사업 방식이 있는데, 예를 들어, 동네에서 치킨집을 개업하는 것과 구글과 같은 서비스를 창업하는 것은 아주 다르다. 동네에서 치킨집을 차렸다고 했을 때, 당장 이문을 남기지 못하면 실패할 가능성이 높겠지만, 구글처럼 많은 사람이 검색 엔진을 이용함으로써 광고를 비롯해 플랫폼에서 판매할 수 있는 요소를 팔려면 사람을 먼저 모아야 하므로, 오늘 오픈한다고 당장 내일 이문이 남는 것은 아니다.

이렇게 사업의 성격에 따른 사업 방식의 구별은 조금만 생각해 봐도 답이 나오지만, 문제는 사업을 어떻게 키워나갈 것인가에 대한 구체적인 방법도 차이가 크게 난다는 점이다. 치킨집은 가진 돈에 은행 대출을 더하거나, 누군가의 도움을 받아 차릴 수 있겠지만, 구글 같은 큰 서비스는 그럴 수가 없다. 그러려면 그렇게 커지기까지 남의 돈을 빌려야 하는데, 은행에서는 쉽게 허용하지 않으니, 성장 단계별로 투자를 받아 서비스를 키워나가는 것이다. 그런데 구글 같은 서비스는 자리만 잡으면 엄청나게 큰돈을 지속해서 벌 수 있긴 하지만, 언제 그 상태에 도달할지 모르기 때문에 필요한 투자금이 눈덩이처럼 불어날 수도 있고, 실패해서 그 많은 돈을 다 날릴 수도 있다.

이런 이유로 치킨집을 차리겠다면 돈을 빌려주는 데가 있어도, 구글 같은 서비스업을 창업하겠다고 하면 돈을 빌려주는 곳을 찾기가 대단히 어렵다. 하지만 구글 같은 서비스 하나가 만들어지면, 그 서비스를 만든 사람은 물론 투자한 곳도 떼돈을 벌어 엄청난 부를 쌓게 될 테니, 이런 서비스에 투자하기를 꿈꾸는 사람이 바로 벤처 투자자이고, 그들 투자의 원천은 모험 자본이다.

돈이라는 게 꼬리표가 없고, 은행 돈이나, 모험 자본이나, 더 많은 돈을 벌고, 덩치를 불려 나가려는 것이 그 본성이라서, 지속 불가능한 방식으로 운용되지는 않는다. 은행은 100개 중 한두 군데가 못 갚을 것을 가정하고, 낮은 이자에 돈을 빌려주는가 하면, 모험 자본은 100개 중 고작 한두 군데만 성공할 것을 가정하고, 이자 대신에 주식으로 기업 성장의 성과를 충분히 공유받을 수 있도록 한다. 그러므로 100개 중 한두 군데 성공한 곳에서는 톡톡히 수익을 봐야 하고, 은행처럼 고작 몇 % 수익을 봐서는 답이 나오지를 않는다. 왜냐하면 90% 이상의 투자처는 실패해서 본전도 건지지 못하기 때문이다.

나는 이런 생리를 창업 초기에 전혀 이해하지 못했다. 스타트업에 투자하고 싶은 투자자 즉, 적어도 모험 자본에 대한 최소한의 이해가 있는 사람이라면, 투자금에 대해 안정적인 수익 몇

%를 돌려주는 것에는 별 관심이 없다는 걸 모르고 있었던 것이다. 어차피 어떤 회사가 잘될지 예측하는 것은 신의 영역인데, 한 군데라도 투자금의 몇백 배, 몇천 배를 불려줄 회사를 찾아서 투자하고, 그 수백 개 가운데 한 군데가 잘되면, 나머지 회사가 모조리 실패하더라도 충분히 보완할 수 있다고 기대하는 투자자에게는 그의 기대에 맞는 이야기를 들려주지 않으면, 말이 통하지를 않는다. 그래서 모험 자본을 운용하는 사람에게 1억 원만 투자해 주면, 끝내주는 치킨집을 차려서 연 15%의 수익을 꾸준히 주겠다는 말은 시답잖은 이야기다. 잘되면 큰 금액을 투자해서 더 큰 수익을 내야 하는데, 이런 얘기는 들어봤자 금전적 이득을 그다지 보기 어려운 시나리오이기 때문이다.

재미있는 점은 위와 같은 모험 자본 투자의 특성으로 인해, 모험 자본으로 성장해야 하는 사업의 창업자 상당수가 그에 맞는 화법을 구사해야만 투자금을 받아 살아남을 수 있고, 그 과정에서 숱한 과장과 허풍이 난무한다는 것이다. 개인적인 관찰로는 이런 과장과 허풍을 잘 구사하는 것이 더 많은 돈을 끌어 모으는 데에 중요한 요소 중 하나라서, 업계의 과장과 허풍에 대한 표준이 점점 올라간 경향이 있다. 그런데 너무 많은 과장과 허풍이 난무하다 보니, 그 업계에 있는 사람이 사실을 얘기하더라도 으레 과장과 허풍을 섞인 것으로 생각해 의심부터 하기도 한다.

이웃 나라가 핵탄두 하나를 갖기 시작하면, 재래식 미사일만으로는 부족한 것처럼, 경쟁 상황에서는 거짓말이라는 것도 군비 경쟁처럼 치열해져서 점점 대담해지고, 뻔뻔해진다. 위에서는 과장과 허풍이라고 점잖게 표현했지만, 이른바 '스타트업' 업계에서 자기 자랑이랍시고 오가는 수많은 말이 단순히 과장과 허풍에 불과한지는 진심으로 의문이다. 나는 개인적으로 통계를 조작하거나, 명시적인 거짓말을 섞는 것을 너무 자주 보았고, 그런 개인적인 경험을 거치고 나서야 왜 벤처투자 업계에 있는 사람들에게 있는 그대로를 얘기하더라도 '당신 말은 알겠는데 별로 믿지는 않는다.'는 듯한 반응을 보게 됐는지를 이해하게 되었다.

한편, 최근 몇 년간 이어진 스타트업 열풍 속에서 '혁신'이라는 이름을 붙이면, 웬만한 엉뚱한 짓을 하더라도 거의 용서받는 분위기다 보니, 자칭 사업가인 사람들의 허풍과 과장이 도를 넘는 것 같다는 생각을 자주 한다. 이와 관련해 로펌에서 AI 관련 사업부를 책임지는 지인 변호사와의 대화가 기억이 난다. 대략 AI 관련 일을 한다는 사람들 이야기를 들어보면, 적지 않은 사람이 단순 과장을 넘어서 '기망'을 하는 듯한데, 변호사로서 똑같이 하기는 겁난다는 내용이었다. 앞서 설명했다시피, 기망은 사기죄의 구성 요건이다. 사람을 속여서 돈을 받으면 사기가 되는 것인데, 잘되면 사업가, 망하면 사기꾼이라는 용감한 생각으로 거짓말을 늘어놓는 사업가를 많이 보다 보니, 그도 비슷한 생각을 했을 테다.

여기서 '거짓말은 나쁘다.' 따위의 규범적인 판단을 설파하려고 이런 이야기를 늘어놓고 있는 것은 아니다. 다만, '세상에 왜 이렇게 거짓말이 많고, 사기꾼은 왜 많은지'에 대한 이유를 분설하고, 경고하고자 하는 의미가 크다. 오랜 기간 스타트업을 운영해 이제는 장수 기업이 될까 무서워지는 시점에서 돌이켜보면, 나 또한 그런 과장과 허풍으로부터 자유로운지를 되묻는다면, 꼭 그렇다고 말할 수도 없게 되었다. 그러나 적어도 법이라는 규범적 판단 영역에 대해 체계적인 교육을 받은 나로서는 명백한 거짓말을 늘어놓는 행동은 내면적인 거부감과 자기 검열이 상당히 강하다. 그런데 확신에 차서 뻔한 거짓말을 하고, 본인마저도 그 거짓말에 빠져버리고, 진짜로 믿어버리는 경우가 워낙 많다 보니, 그런 이들을 보면 '저런 사람들이 진짜 타고난 사업가인 건가?'라는 생각마저 든다.

우리가 아주 어린 아이 때부터 배워 온 정언적인 도덕 명제는 "거짓말하지 말고, 진실해라."다. 이에 따라 자기 아이에게 적당히 거짓말하고, 둘러댈 줄 아는 사람이 되라고 교육하는 부모는 찾아보기 어려우리라 생각한다. 그런데 이렇게 배워온 것과 달리, 세상은 거짓투성이다. 어떤 영역에서는 거짓과 과장을 구분하기 어렵고, 기망과 허풍을 구분하기 어렵다. 그러나 이를 감안하더라도 세상에는 뻔한 거짓말이 너무 많다. 많은 사업가가 뻔한 거짓말을 하고, 타인을 속인다. 살아남기 위해서, 더 잘되기 위해서 그런 일을 한다. 아이들한테 가르치는 도덕 명제와 다른 삶을 산다고 해서 그들의 삶을 폄하하고, 비난할 생각은 추호도 없다. 그러나 나의 자녀에게는 거짓말하는 사람이 세상에 꽤 많다는 걸 알려주지 않으면 안 된다는 생각이 든다.

사업하는 사람들을 사기꾼으로만 표현한 것 같지만, 내가 알고 있는 사업가 중에서 이른바 '교도소 담벼락을 걷는 자'가 너무나 많아서 굳이 과장이라고 하고 싶지는 않다. 당연히 법은 법대로 지키고, 자신의 윤리적인 기준은 그것대로 지키는 사업가들이 왜 없겠냐마는, 자신의 모든 것을 걸고, 돈을 벌기 위해 기회가 된다면 법도 어기는데, 거짓말이든 아니든 신경조차 쓰지 않는 사람이 태반이다. 그런 사람들 사이에서 거짓말을 아예 못하는 사람이 살아남는 것은 핵무기로 무장한 열강들이 전쟁을 벌이는데, 재래식 무기만으로 살아남는 격인 듯도 하다.

모든 거짓말이 다 드러나는 것은 아니라는 것도 사업하는 이들이 거짓말쟁이가 되는 이유 중 하나이다. 단순히 진실과 거짓 문제를 떠나, 범죄 여부가 달린 중요한 사안에서조차 그러하다. 내가 아는 한 스타트업의 대표는 사기 혐의로 징역 3년을 선고받았다. 그런데 그와 비슷한 일을 했던 업체 중 적어도 열 군데는 어떠한 처벌도 받지 않았다. 거짓말의 크기와 정도는 차이가 있지만, 각자 했던 일의 성격은 비슷했다.

이는 수사 기관의 의지, 증거의 유무, 피해자의 유무, 때로는 자백의 여부 등 범죄의 처벌 가능성에 많은 요소가 개입하기에 벌어지는 결과다. 한마디로 형사 절차라는 까다로운 논리 게임에서 많은 거짓말이 범죄 영역 밖으로 걸러지는 것이다. 거짓말이 성공적인 결과를 낳았다면, 그래서 피해자도 없고, 처벌의 필요성도 없다면, 사기죄의 구성 요건에 해당할지라도 처벌될 확률은 현저히 떨어진다. 그래서 사업하는 사람들은 성공을 기대하며, 감당하지 못할 거짓말을 할 유혹에 노출되어 있다. 그 과정에서 법률가가 보기에는 영락없이 사기 행위로 보이는 일도 자행한다.

엘리자베스 홈즈가 수천억 원의 투자금을 끌어모으며 뻔뻔한 거짓말을 하고, 자료를 조작했다가 결국 실패를 맞이함으로써 기업 가치 약 12조의 스타트업 몰락 스토리로 많은 주목을 받았지만, 이는 역사적으로 계속해서 반복되어 온 수많은 사업가의 허풍과 과장, 사기가 뒤섞인 실패담 중 하나일 뿐이다. 지금 이 순간에도 어떤 사업가는 결국 사기꾼이었다는 것이 밝혀지고 있다. 동시에 어떤 사업가는 자신이 저지른 수많은 사기 행각에도 불구하고, 결국 성공해 성공한 사업가로 성공기를 쓰고 있기도 하다. 모든 성공한 사업가가 그런 것은 아니겠지만, 그런 사례가 드무냐고 하면 절대 그렇지는 않다고 본다.

"사업을 하려면 사기를 쳐야 한다.", "거짓말을 뻔뻔하게 늘어놓을 준비를 해라."는 식의 이야기는 아니다. 그러나 순진한 내가 엄청난 거짓말이 오가는 전쟁터에서 이른바 사업가들이 하는 이야기를 곧이곧대로 믿었던 때를 떠올리며 이 글을 썼다. 이미 너무 크게 성공해서 거짓말 하나에도 잃을 것이 많은 사람이라면 모를까, 나는 사업한다는 사람들의 말을 이제는 곧이곧대로 믿지 않는다. 때에 따라서 그들이 사람을 속일 이유는 충분하니까.

무엇이 거짓말이고, 무엇이 과장이거나 허풍인지는 사람마다 기준이 다르지만, 그 기준이 까다로운 편인 나로서는 거짓말을 많이 듣다 보면 피곤함을 느낀다. 그래서 나도 사업을 하지만, 사업한다는 사람들과 어울리는 것을 좋아하지 않는다. 어쩌면

나 스스로 내가 사업과 어울리지 않는다고 생각하는 것도 이 때문일 수 있겠다. 아니면 나조차도 사업하는 사람인데, 이렇게 진실한 사람인 척하는 것이 사업가로서 내가 취하는 깜찍한 거짓말일 수도 있을 것이니 참 판단이 어렵다.

"돈 못 벌어도 진실만을 말할래? 거짓말하고 성공할래?"에 대한 답은 고민되는 문제다. 건전한 상식과 도덕관념을 가진 사람은 전자를 택하겠지만, 사업하는 사람들이 마주하는 질문은 다음 질문에 가깝다. "가진 거 다 날리고, 100억 벌 기회도 놓치고, 직원들 급여 못 줘서 형사 처벌도 받고, 신용불량자가 돼서 남은 인생 허비하고, 가족들 고생시키고, 사회적으로 욕먹고, 실패자로 손가락질받고, 지금까지 한 거짓말 다 탄로 나서 비난받을래? 아니면 거짓말 한번 기막히게 해서 성공한 사업가 될래?" 이런 유혹이라면, 다른 선택을 할 사람이 많지 않을까? 거짓말을 미화하려 함은 아니고, 실정이 이렇다 보니, 누군가는 거짓말을 하고, 비즈니스란 늘 경쟁 상태에 있기에 그 경쟁 상대도 거짓말의 유혹을 느끼고, 서로 거짓말을 늘어놓다가 어느 정도 선까지는 거짓이 표준이 되는 이상한 상태에 도달하는 것이다. 업권마다, 업계마다 다르겠지만, 이런 것이 없는 분야가 있을끼 싶다.

이런 이유로 자라나는 어린아이에게 주는 건전한 가르침과는 달리, 세상에 없어야 할 거짓말은 차고 넘친다. 그리고 사업하는 사람 사이에서는 더더욱 그렇게 된다는 것이 나의 짧은 경험이다. 그것을 감안하고 세상을 보지 않으면, 쉽사리 이해할 수 없는 일이 정말 많다. 거기서 거짓말하는 사람이 될지, 조금 허풍만 떨고 거짓말은 안 하는 사람이 될지, 거짓이라면 몸서리를 치는 진실한 사람이 될지는 개인의 선택이다. 나의 자녀에게 거짓말쟁이가 되는 선택지는 절대 권하고 싶지 않지만, 그럼에도 불구하고 이 세상에 거짓이 끊임없이 양산하는 구조적 원천에 대해서는 꼭 이해시켜 주고 싶다.

　누군가는 거짓말을 할 그럴듯한 유인이 있다. 특정 분야, 특정 업계는 더더욱 그러하다. '사업하는 사람'이 대표적인 그룹이다. 이를 통해 내린 결론은 내가 교육받은 도덕적 규범과 세상의 문법은 다르다는 것이다. 괜히 속지 않으려면, 여기에 대한 견해를 미리 정리해 두는 게 좋다.

솔직하지 못한
장사꾼들을 인정해라

거짓말 이야기만 많이 했는데, 이번에는 솔직함과 진솔함에 대한 이야기를 하고 싶다. '얼마만큼 솔직한가?'는 '거짓말을 하는가?'와는 별개의 이야기다. 우리 정서에는 괜히 허세 부리고, 거드름 피우는 사람보다는 솔직담백하고, 겸손한 사람을 좋아하는 듯하지만, 이런 문화적인 배경과는 다르게 매사 솔직한 사람, 솔직한 사업이 잘되는 것은 아니다.

과거 한 매체에서 공정거래위원회의 자료를 인용해 유명 화장품의 원가율이 10%대라는 기사를 보도해, 많은 사람을 충격에 빠뜨린 적이 있다. 20만 원을 훌쩍 넘는 화장품의 제조 원가가 3만 원 정도이고, 면세점, 백화점, 마트 등 유통단계에서 붙는 중간 이윤이 30%~50%에 달한다는 것이었다. 화장품 광고를 보면, 엄청 특별하고, 희귀한 원료를 듬뿍 담아서, 가격이 비싼 것처럼 이야기하는 경우가 많고, 그런 광고를 보고 있자면 제조하는 데 비용이 많이 들어갈 것 같지만, 실질적으로는 그렇게 광고를 하고, 적절하게 유통해, 고객에게 판매하는 과정에서 훨씬 더 많은 이문이 붙고 있었다.

언급한 기사의 신뢰성은 둘째치고서라도, 유통과 마케팅 단계에서 많은 이윤이 붙는 것은 비단 화장품뿐만이 아닐 것이다. 어차피 거래는 구매자와 판매자의 의사 합치에 의해 이루어지는 것이므로, 판매자 입장에선 비싸게 팔수록 좋은 것이고, 구매자 입장에서는 본인이 만족할 만한 가격에 구매하면 그만이다. 원가 1만 원짜리를 10만 원에 파는 것을 안다면, 구매자 입장에서는 괜히 손해 본 기분이 든다고 해도, 억지로 사게 만든 게 아니라면, 법적으로 문제가 있는 것도, 환불이 가능한 것도 아니다.

다만 모든 산업에서 효율적인 경쟁이 이루어지는 것이 아니고, 어떤 상품은 실생활에 꼭 필요함에도 불구하고, 공급할 수 있는 주체는 제한적이어서, 정부에서 가격에 개입하기도, 때로는 가격을 정해놓고 팔기도 한다. 이렇게 현실 세계에서 엿장수 마음대로 가격을 받는 상품이 있는가 하면, 강력한 공공의 통제를 받는 상품도 존재하기에, 무언가를 구매하는 행위에 대해 사회 구성원이 갖는 감정적 태도가 어떠하다고 일률적으로 정하기는 어렵다.

그 가운데 어느 문화권이든지 '바가지를 씌운다.'는 식의 표현이 존재하는 것을 보면, 폭리를 취하는 판매자에 대해 부정적 인식이 존재함을 알 수 있다. 우리말로 '폭리'라는 표현이 주는 부정적 어감을 떠올리기만 해도 이해하기 어렵지 않다. 장사하는 사람이 많이 남겨서 돈을 벌려고 장사를 하는 것인데, 많은 이윤을 취하는 것을 칭찬하기보다는 폭리라는 특정 단어를 통해 부정적으로 표현하는 것이다. 그래서 본래 물건을 만들거나 들여오는 가격이 저렴한데, 판매 과정에서 뻥튀기해서 비싸게 팔면, 괜히 속은 것 같기도, 손해를 본 것 같기도 해서, 마음이 찜찜해지는 것이 구매자의 마음인 것 같다.

허나, 어느 구매자들이나 일정 수준 가지고 있는 이와 같은 심정적 태도에도 불구하고, 실로 우리가 사는 세상은 '잘 팔면 장땡'인 세상에 가깝다. 파는 데에만 집중해, 정작 물건 품질이 떨어지면 상도에도 어긋나고, 비즈니스도 망할 것 같지만, 이 문제를 이렇게 간단하게 정리하기는 어렵다. 이른바 '품질'이라는 것이 객관적인 지표에 의해 평가가 가능한 듯하지만, 많은 경우에

구매 과정에서 인위적인 기준을 정해, 평가한 상품의 품질보다
는 구매자의 심리적 만족도나 구매자가 평가하는 가치가 오히
려 구매자의 지불 용의를 결정하는 요소에 가까워서다.

 이런 현상은 굳이 학술적으로 꼬리를 붙여 설명하지 않더라
도 현대 소비 행태를 관찰하면 상식 수준에서 납득이 가능하다.
다시 말해, 구매자들은 상품의 실질적 활용 가능성이든, 심미적
만족감이든, 장래 가치 상승에 대한 투기 목적이든, 각자 나름
대로 살 것인지, 말 것인지에 대해 스스로 질문하고, 자신의 구
매 기준을 넘어선 상품을 구매한다. 이 과정에서 심리적으로 부
여하는 가치의 크기에 따라, 똑같이 생긴 가방도 어떤 브랜드가
만들었느냐에 따라 가격이 100배 차이가 나기도 하고, 일상에서
전혀 쓸모가 없는데도 소유 자체에 대한 만족감을 이유로 수천만
원에서 수백억에 달하는 가격에 팔리는 물건이 있기도 하며, 단
순히 가격이 오른다는 이유로 구매자가 줄을 서기도 한다.

 사정이 이렇다 보니, 상품을 만들고, 기왕이면 좋게 잘 만드는
것도 중요하지만, 상품의 가치를 전달하고, 심지어는 포장하고,
그 가치를 잠재적 구매자에게 납득시키고, 구매에 이르기까지
설득하는 행위가 무엇보다도 중요하다. 사실, 이런 행위가 근래
들어 '중요해졌다.'라고 생각했던 적이 있었는데, 이제는 그것이

근래 들어 중요해진 것인지, 애초부터 상거래의 속성이란 그런 것인지 헷갈린다.

이런 행위를 브랜딩, 마케팅, 밸류 프로포지셔닝 등 다양한 단어로 표현할 수 있겠지만, 그것이 무엇이 되었든 상품을 '잘 파는' 행위의 중요성은 압도적으로 높고, 이렇게 상품을 파는 단계를 지배하는 기업들이 무지막지하게 성장했다는 점은 주목할 만하다. 예컨대, 검색 엔진의 탈을 쓰고 광고를 팔기 시작했던 구글과 네이버가 그 사례이다. 이 기업들은 광고만 팔지 않고, 이제는 자신이 잘 팔겠다 싶은 모든 것을 팔기 시작했다. 판매 단계를 지배하는 회사들은 이렇게 근 수십 년간 많이 성장해왔고, 지금도 우리 삶을 지배하고 있다.

판매 행위의 중요성에 대해 강조하다가 이야기가 옆으로 샜는데, 다시 본론으로 돌아와 조금 선비스러운 표현을 쓰자면, 현대 사회는 '상술이 판치는 세상'이다. 서두에 언급한 표현을 활용하자면, 솔직하고, 진솔한 장사꾼을 찾기가 어려운 세상이라고도 할 수 있다. 한마디로 정성 들여 만든 상품을 고객에게 최고의 만족을 주기 위해서 노력히며 공급히는 진짜 장사꾼은 찾아보기가 쉽지 않게 되었다. 상품마다 이런 이상향을 달성하기가 좋은 상품이 있을 순 있겠지만, 대부분 상품을 비싸게 많이 팔기 위해서는 마케팅에 큰 비용이 들어가기 마련이다. 이런 비용 대신 상품을 잘 만들고, 가다듬는 데에 비용을 더 투자하거나, 더 비싸게 팔 수 있는 상품을 저렴하게 판매하는 방식은 이제 전통을 가진 동네 노포집이 아니면 보기가 어려워졌다.

그렇다고 쓸데없이 광고를 해가며 물건을 비싸게 파는 장사치들이라며 손가락질하고, 비난하려는 것은 절대 아니다. 나는 오히려 서로 조건이 맞아 거래했다면, 그건 당사자들의 선택일 뿐, 명확한 기준도 없는 상인의 도리라든지, 바가지 따위의 개념을 들이대며 다른 이야기를 하는 것이 더 거부감이 든다. 그러나 파는 행위의 중요성에 의해 이 세상 수많은 장사꾼이 얼마나 나를 교묘하게 설득해, 필요한 것부터 구태여 필요하지 않은 것까지 몽땅 팔아먹으려고 애를 쓰는지에 대한 구조적 인식은 필요하다고 생각한다.

다른 사람의 말을 곧이곧대로 믿지 말라는 이야기에 엄청난 지면을 할애하고 있어서 나도 안타까움을 금치 못하겠지만, 우리가 칭찬해 마지않는 솔직함과 진솔함이라는 가치가 상거래에서 실제로 그런 좋은 대우를 받느냐 묻는다면, 대답은 "아니요."에 가깝다. 솔직함과 진솔함 자체를 팔고 있다면 모를까, 잠재적 구매자에게 인지되는 가치를 극대화하기 위해서는 그들의 구미를 당길 만한 그럴듯한 이야기를 섬세하게 잘 꾸며내야 해서다.

이렇게 인지된 가치가 꾸며낸 가치는 그 자체로 자기만의 세계를 이루어서, 누구도 흔들 수 없는 브랜드가 되고, 공고한 시장을 이루게 된다. 당장 생각나는 것은 명품, 양주, 고급 자동차 등 비교적 사치재로 분류되는 시장이다. 이런 상품을 사고파는 행위를 비난하는 것도, 거래 참여자들에게 유감이 있는 것도 아니다. 그러나 분명히 그 상품들의 가격을 정당화해 주는 것은 실제 재룟값이 얼마인지, 그것을 만들고 배달하는 데에 들어가는 인건비가 얼마인지가 아니라, 왜 그 가격을 받아야만 하는지를 고객에게 얼마나 잘 설득하는가에 있다.

수년 전 한 해에만 수천억 원의 양주를 들여오는 국내 최대 주류 수입사 대표와 식사를 한 적이 있다. 아직도 기억에 남는 것이 그의 술에 대한 인식이었다. "나는 술을 잘 못합니다. 솔직히 술이 맛있어서 먹는 사람이 어딨습니까? 다 그 브랜드를 마시는 거지."라고 했는데, 당시 칵테일을 비롯해 갖가지 다양한 술을 맛보는 것을 즐겼던 나의 입장에서 적지 않게 충격이었다. 꽤 긴 시간이 지나 코로나19 사태를 거치며 국내에서도 위스키 열풍이 불기 시작했는데, 젊은 세대를 중심으로 위스키의 향과 풍미를 찬양하며 고가의 스카치위스키가 동이 나기도 했다. 그런 실정에서 국내 최대 스카치위스키 수입사의 대표가 당당하게 "우리 회사 술도 브랜드를 마시는 것"이라고 무의식적으로 한 고백은 시사하는 바가 크다.

구매자마다 상품에 부여하는 가치가 다르고, 남들이 쓰레기라고 취급해도 내가 억만금을 주고 사겠다면 굳이 말릴 것도 없다. 그러한 소비를 비난할 것도 없고, 자신의 잣대로 손가락질할 이유도 없다. 하지만 점점 생활 수준이 높아지고, 필수품 외에도 더 다양한 것을 사고 싶어지고, 실제로 그런 구매가 가능한 여력이 생긴 사회가 된 지 그리 오랜 시간이 흐르지 않았다. 이런 소비 풍토에서 장사꾼들은 사력을 다해 소비 심리를 자극하고, 자신의 상품이 주는 인지된 가치를 극대화하려고 노력한다.

위에서 언급한 주류 수입사 대표는 사석에서 본인의 솔직한 견해를 어린 후배에게 슬며시 흘렸을 뿐이지만, 공식적인 메시지라면 어림도 없는 소리다. 아직도 그 수입사는 최고의 재료로 최고 품질의 스카치위스키를 만들고, 그 누구도 따라올 수 없는 고급스러움과 품격을 자랑하는 술을 판다는 것을 강조하며 브랜드 포지셔닝을 이어가고 있다. 아마도 "술은 브랜드를 마시는 것"이라는 그 대표는 그 술의 공병 가격이 얼마인지, 생산 원가와 수입 원가는 얼마인지, 마케팅 비용과 유통 마진은 얼마인지를 가장 잘 알고 있기에 그런 생각을 했으리라 생각한다. 하지만 그걸 구매하는 사람들은 그러한 내막을 알 턱이 없다. 여전히 그 회사의 술은 세계 최고의 브랜드이고, 당분간 그 위상을 흔들어 놓기는 어려울 것으로 보이며, 면세점과 백화점에서 대차게 팔려나가고 있다. 그러니 그 회사가 솔직할 필요도 없고, 진솔하게 원가를 밝혀서 가격을 깎아줄 이유도 더더욱 없다. 그 술을 마시는 사람들이 인지된 가치에 맞는 가격을 지불하고, 만족하고 있으니까.

지금은 물건을 사는 것이 너무 쉬워져서, 컴퓨터를 켜서 웹서핑을 하든, 모바일로 검색을 하든, 항상 광고가 눈에 띄고, 누군가가 우리에게 무언가를 팔려고 한다. 부지불식간에 우리는 엄청난 양의 판매 권유에 노출되어 있고, 그 어느 때보다도 상품의 인지 가치를 끌어올리려고 애를 쓰는 눈물겨운 노력과 마주하고 있다. 그런 상황에서 구매자와 판매자 사이에는 자연스럽게 이해 상충이 발생할 가능성도 커진다. 그것이 일회성 거래를 전제하는지, 장기적 관계를 전제하는지에 따라 양상은 많이 달라지겠지만, 어느 방향이든지 판매자 입장에서는 최대의 이문을 남기면 되고, 우리가 내재적으로 받아들이는 솔직함이나 진실함에 대한 고려는 특별한 이유가 없다면 둘째가 된다.

결론적으로, 무언가를 파는 사람은 대개 완전히 솔직해지기 어렵다. 이렇게 길게 설명하기에는 너무 당연하고도 간단한 명제인데 강조해서 풀어쓰는 이유는, 우리가 이러한 전제를 고려한 현명한 판단에서 멀어지기가 쉽다고 판단해서다. 예컨대, 대부분의 광고는 좋은 면만을 부각한다. 그런데 좋은 것만을 부각하는 광고가 좋은 광고일까? 판매자의 입장에서는 많이 그리고 비싸게 팔기만 하면 좋은 것이지만, 구매자의 입장에서는 상품에 대한 완전하고도 진실한 정보를 얻고 싶어 한다. 하지만 내가 관찰한 수많은 사건 사고는 장사하는 사람이 완전히 솔직해지기 어렵다는 기본을 무시해서 발생한 사안이었다.

그와 관련한 사례는 수도 없이 많지만, 법조인으로서 피부로 느낀 사례 하나를 강조해서 이야기해 보자면, 국내 법조계에서 고질적인 문제점으로 거론됐던 것 중 '전관예우'가 있다. 법원, 검찰 등에서 고위 공직에 있었던 인물이 퇴임 후 변호사로서 사건을 처리할 때, 과거의 지위와 인맥을 이용해 사건에 영향을 미치며, 부당한 이익을 얻는 것을 일컫는 말이다. 그 실존 여부는 차치하고, 이를 이용해 돈을 벌고자 하는 전관이라면 누구든지 전관예우의 유무나 효과에 대해 솔직한 입장을 취할 수 없다. 왜냐하면 전관으로서 자신의 가치는 전관예우가 강하면 강할수록 높아지기 때문이다.

변호사라면 누구나 공감할 테지만, 이 전관예우를 놓고 법조 브로커와 터무니없는 가격의 수임이 판을 친다. 제도가 허용하지 않는 방식으로 전관의 막강한 지위를 이용해 사건에 영향을 미칠 테니 그에 걸맞은 가격을 지불해야 한다는 논리로, 적게는 수천만 원에서 많게는 수억 원의 돈을 요구한다. 그러면 절박한 당사자는 전관예우가 실제로 존재하고, 엄청 효과적이라는 브로커의 허장성세와 전관 당사자가 넌지시 어필하는 이야기에 속아, 말도 안 되는 가격을 지불한다. 서로 원해서 거래가 성사되었지만, 제정신인 변호사라면 정상적인 수임 방식도 아닌 데다가 의뢰인이 만족스러운 결과를 얻기가 어렵다는 것을 안다. 그런데 안타깝게도 '전관 사무실에 속아 말도 안 되는 값을 지불하고, 결과가 안 좋아서 결국 사무실을 바꿔 찾아온 의뢰인'은 늘 변호사들 입에 오르내리는 이야깃거리다. 이렇듯 점잖아 보이는 법조계도, 고관대작 출신의 근엄해 보이는 일부 전관조차도 무언가를 팔아야 할 때는 솔직하지 못할 때가 많다. 단순히 솔직하지 못한 것을 떠나 일반 상식에 반하는 일까지 벌어진다. 이는 먹고사는 문제가 그만큼 무섭고, 장사꾼의 솔직하지 못함이란 이렇게 냉정하고, 잔인하게 호시탐탐 무언가를 팔아먹을 기회를 노리고 있음을 단적으로 보여 주는 사례다.

광고의 본질이 좋은 면을 알리고 잠재 고객에게 어필해서 구매를 성사시키는 행위지만, 이런 노골적인 메시지에 넘어가서 쉽게 구매를 결정하고, 후회하는 사람들을 보면 때로는 안타까운 생각이 든다. 충분히 검증해 보면 확인할 수 있는 문제들, 침착하게 근거를 따져보면 타당성을 판단할 수 있는 과장된 광고에 대해서도 순간의 충동에 구매를 결정하고, 때로는 너무 큰 결정을 해서 경제적인 고통을 겪기도 한다.

같은 맥락에서 나의 부친은 말기 담낭암으로 오랜 기간 투병했는데, 아마도 말기 암 환자가 있는 많은 집이 그러할 것처럼 수술과 항암 치료에도 건강이 악화 되자, 현대 의학에 근거하지 않은 것이더라도 몸에 좋다는 것은 이래저래 많이 찾아 챙겨 드신 것이 오래된 일인데도 기억이 난다. 상황버섯, 고로쇠 수액, 음이온 정수기 등이 그것인데, 진실로 효과가 있는지 아닌지는 과학적 검증의 영역이지만 20년이 넘게 지난 지금도 그것들이 암 환자에게 획기적인 회복 효과를 가져다주는 것이라는 이야기는 다시 들은 바가 없다. 그러나 항암 효과가 있고, 기적의 치료약이라는 밑도 끝도 없는 광고를 보고, 우리 부모님은 많은 돈을 썼을 테다. 나라고 해서 당시 그 입장이면 다르지 않았을지 모른다.

그렇지만 돌이켜 냉정히 평가해 보면, 절박한 환자와 가족들의 바람을 자극해, 비싼 가격에 정체불명의 상품을 팔아먹는 장사꾼들의 방법이었다고밖에는 생각이 들지 않는다. 그것을 판 사람들을 원망하거나, 비난하고 싶지는 않다. 다만, 그런 상황을 많이 보고, 배우며 자라난 나에게 지금 비슷한 상황이 닥친다고 해서 그것을 믿고, 구매하는 결정을 할 것이라고는 생각하지 않는다. 장사꾼들의 무언가를 팔아야 하는 입장을 이해하고, 그렇기 때문에 판매 권유에 담긴 구매 욕구의 자극과 이를 위한 허풍과 과장에 익숙해졌으니까.

그렇다고 편의점에서 컵라면을 사 먹거나, 간단한 쇼핑을 할 때까지 이렇게 논리적인 고민을 깊이 하는 것은 절대 아니지만, 이 책을 관통하는 생각 중 하나인 현상에 대한 구조적인 이해는 오히려 넘쳐나는 상업적 자극에서 비롯된 고민으로부터 나를 해방시켜준다. '무언가를 팔아야 하는 사람들은 과연 나에게 솔직한 이야기를 할 수 있는 상황인가?', '그들은 나에게 필요한 정보를 진정으로 제공해 줄 수 있는가?', '그들과 나 사이에 이해 상충의 가능성은 없는가?', '만약 있다면 얼마나 큰가?'와 같이 구체적으로 생각하지 않더라도, 무의식 속에 담긴 근본적인 의심은 이른바 '바가지'를 쓸 확률도, '눈탱이'를 맞을 확률도 줄여준다. 다시 말해, 자연스레 쓸데없는 물건을 덜 사게 되고, 이상한 걸 잘못 사거나, 비싸게 샀다가 스트레스받을 확률도 적어진다는 얘기다.

대단히 섭섭하고, 받아들이기 힘든 현실이지만, 또 하나의 당연한 현실로서 대다수의 사람은 자신의 이익만을 아주 충실히 좇으며 살아간다. 타인에 대한 배려와 사회적 유대를 교육받는 우리이고, 나도 이를 잊지 않고 살려고 하지만, 하루하루를 더 살아갈수록 눈앞의 이익 앞에서 태도가 돌변하고, 입장을 바꾸고, 인간적인 유대는 아랑곳하지 않는 사람이 무수히 많음을 느낀다. 이런 삶의 방식을 비난하고 싶지도 않고, 나는 그렇지 않다고 젠체하며 뽐내고 싶은 마음은 추호도 없다. 다만, 이렇게 냉엄하게 현실을 인식하면 그로부터 좋은 행동 지침을 얻을 수 있다. 나에게 주어지는 정보는 대체 왜 주어졌는지, 그것이 나를 위한 것인지, 혹은 정보를 던져준 그 누군가를 위한 것인지를 생각해 보고, 매사 내가 마주한 사람과 어떠한 이해 상충이 있는지를 따져본다면, 어리석은 실수를 줄일 수 있으니까.

당연히 무언가를 팔기 위한 수작인지 아닌지 단숨에 티가 나는 것도 있는가 하면, 그렇지 않은 것도 있다. 이로써 완전히 솔직하지 못한 상대방의 속을 알아차리기는 정말 어려운 일이다. 그래서 그럴 때는 스스로 되묻고는 한다. '나와 그의 사이에는 어떠한 이해가 상충하는가?', '그 이해 상충을 극복하기 위한 제도적 안전장치나 개인의 노력이 존재하는가?'를. 이에 대한 판단에 따라 나의 친구가 될 수도, 단순히 나에게 접근한 장사꾼이 될 수도 있다. 또 내가 그를 대하는 자세와 마음가짐도 달라지게 된다. 내 스스로를 지키려면 그래야만 하기도 한다.

물론 장사가 그 자체로 나쁜 일도 아니고, 장사꾼들이 다 나쁜 사람도 아니다. 그렇지만 장사꾼들이 솔직해질 수 없는 사정을 알지 못하면 내 마음이 아프니, 마냥 진실할 수만은 없는 그들의 사정을 잘 이해할 필요는 있다고 본다.

모두가 비슷한 생각을
하고 있다고 믿지 마라

민망한 얘기이지만, 나는 제법 값비싼 외제차를 탄다. 자랑이라고도 할 수 없는 게, 거의 얻어 타다시피 지인으로부터 저렴하게 가져다가 몰고 있다. 실제로 얼마를 주고 타게 됐는지를 알면 누구든 기가 찰 테지만, 새까만 게 디자인도 날렵해 겉보기에는 꽤 그럴싸해 보인다.

지금 차를 타기 전에는 차량 공유 서비스를 이용하거나, 오토바이를 타곤 했다. 원래 물건 사는 것을 별로 좋아하지 않고 기동성과 효율성을 중요시하는 내가 선택한 이동방식으로, 제법 유용하게 활용했다. 그런데 사업을 한다면서 나이 서른이 넘어서까지 오토바이 헬멧과 보호장구를 가방에 주렁주렁 메고 다녔으니, 그 모습을 본 사람들은 아주 희한하게 여겼을 것이다. 내가 생각하기에도 오토바이는 너무 위험하니 어느 순간부터 차를 타고 다니기 시작했는데, 무사히 오토바이를 졸업한 것이 천만다행으로 느껴진다.

한편, 내가 오토바이 헬멧과 보호장구, 보호용 백팩을 주렁주렁 달고 다닐 때 듣기 싫은 말이 있었다. 세상에는 너무 꼰대스럽고 편견이 그득하게 느껴져서 듣기 싫은 말이 존재하는데, 예컨대 남자는 자고로 군대를 다녀와야 한다는 말 따위다. 그리고 내가 제일 듣기 싫었고, 들으면 손발이 오그라드는 듯했던 소리는 "사업하는 사람은 좋은 차를 타야 해."였다.

그도 그럴 것이 차도 없고, 거기다가 오토바이를 타고 도로의 먼지를 다 맞아가며 시내를 누비던 나로서는, 사업하는 사람이 일단 차를 타야 하고, 거기다가 보통 차는 안 되고, 좋은 차를 타야 한다는 속물적인 느낌이 가득한 그 이야기를 받아들이고 싶지 않았기 때문이다. 그리고 주변에서 좋은 차를 저렴하게 구매해서 타거나, 빌려 타거나, 빚져서 타는 사례를 많이 봐왔고, 나 스스로도 차를 두고 사람을 판단하지 않다 보니 좋은 차를 타는 것이 대체 무슨 의미가 있는 건지 납득하기가 어려웠다. 더욱이 좋은 차를 타면 사람들이 좋게 봐줄 것이라는 그 사고가 어설프고 편견에 차 있다고 생각했다.

그런데 나중에 돌이켜보니 이런 내 생각은 많은 사람이 범하는 오류로, 자신이 처한 상황에서 생각하고, 때로는 자기 말이 맞다고 믿고 싶은 나머지 인지부조화를 일으켜, 현실을 왜곡되게 인식하는 실수를 하고 있는 것이었다.

내가 차와 관련해 가지고 있던 굳건한 생각이 나의 또 다른 아집이자 편견에 불과하다는 것을 깨달은 계기는 순전히 팔자에도 없는 외제차를 얼떨결에 타기 시작하면서였다. '설마 사람들이 고작 차 한 대로 사람을 판단할까?', '그것이 의미 있는 정보라고 받아들일까?' 하며 상식적으로 말이 안 된다고 생각했지만, 많은 사람이 나와는 다르게 생각하고 있음을 경험을 통해 배웠다.

외제차를 탄다고 엄청난 차이나 변화가 있는 것은 아니지만, 가방에 헬멧을 매달고 다니던 때나, 자동차 공유서비스를 이용해 차를 빌려 타던 때와 비교해 보면, 처음 보는 사람들의 태도와 언급하는 이야기에서 미묘한 차이가 나는 것을 실감했다. 우선 오토바이를 탈 때는 위험하지 않냐고 묻거나, 궂은 날씨에 고생한다는 소리를 자주 들었다. 또 자동차 공유 서비스를 이용할 때는 가격이 어떤지, 자동차 공유 서비스 중 특정 서비스를 이용한 것인지에 대한 질문을 자주 들었다. 그런데 제법 고급 외제차를 타기 시작하면서부터는 "좋은 차를 탄다.", "차가 멋있다.", "부럽다." 등의 인사를 상당히 자주 듣고 있다. 전적으로 내 기분 차이라고 한다면 할 말은 없지만, 최대한 객관적인 입장에서 사람들이 지나가는 말로 내가 이용하는 교통편을 보고 던지는 내용을 비교해 보면, 전혀 긍정적인 표현이 없다가 비싸 보이는 차를 타고 나서는 유달리 긍정적인 언급이 많아졌다.

이런 일을 겪은 후, 나는 동년배의 사람들에게 차에 대해 어떤 생각을 가지고 있는지를 많이 물어봤고, 그들의 태도와 감정이 내가 가지고 있던 것과는 많이 다르다는 걸 알게 되었다. 내게는 고작 '탈 것' 정도였는데, 대다수에게는 그 이상의 의미였다. 저마다 타고 싶은 차량, 사고 싶은 차량이 마음속에 구체적으로 있었고, 어떤 차량이 비싸고 좋은지에 대해서도 나보다 훨씬 큰 관심이 있었으며, 기회가 된다면 그런 차량을 구입할 의향을 품고 있었다.

어쩌다가 저렴한 비용으로 비싸 보이는 차량을 업어 와서 타게 된 나로서는 웃지 못할 일이 되었는데, 이 일로 인해서 스스로를 많이 돌아보게 되었다. 겉으로만 사람을 판단하지 말라는 어렸을 때부터 받은 가르침에 충실하게 내 생각을 가다듬고 유지한다고 해서, 세상 사람도 나와 똑같이 생각하는 것이 아니라는 사실을 전혀 생각하지 못하고 있었던 것이다. 아무리 내 생각이 건전하고, 내 생각이 맞다고 우겨봐야 세상 사람 전부를 설득하지는 못할 것인데, 너무도 당연하게 내 생각에 젖어서 사람들이 나를 어떻게 볼지에 대해 깊은 고민조차 해보지 못하고 있었다.

물론 사람들이 내가 오토바이를 탄다고 해서 나를 '오토바이 타는 거지'로 생각하고, 내가 외제차를 탄다고 해서 '잘나가는 사장님'이라고 생각한들, 내가 그들의 판단에 의해 규정지어지는 것은 아니다. 나 스스로가 나를 어떻게 생각하는지, 내가 얼마만큼 자신감을 갖고 있고, 어떤 진정한 역량을 가졌는지가 당연히 훨씬 중요하다. 그렇지만 내가 남의 시선을 아랑곳하지 않는 것과 효율적으로 일을 하기 위해 남의 시선을 잘 이용하는 것은 전혀 다른 이야기다. 앞서 이야기가 나왔던 장사에 빗대어 이야기하자면, 결국 내 사업을 하는 사람으로서 무언가를 팔려면, 구매자 입장에서 생각하고, 그들이 더 쉽게 구매 결심을 할 수 있도록 내 자세를 고치고, 태도도 그에 맞추는 것이 프로페셔널한 모습이라고 할 수 있다.

사업하는 사람이 반드시 좋은 차를 타야 할까? 그건 절대 아니다. 좋은 차를 타지 않더라도 얼마든지 잘 먹고 잘살 수 있고, 자신의 매력을 어필해 뛰어난 성과를 올릴 수 있다. 대체로 내가 가졌던 생각은 차는 별로 중요하지 않다는 것이었다. '굳이 차로 어필을 해야 하나?', '하고많은 것 중에 낯간지럽게 으리으리한 차를 내세우면서 뻔한 허장성세를 하는 것이 너무 창피하지는 않은가?'라며, 그런 편견에 기대어 어떤 일을 도모한다는 것이 왠지 적절해 보이지도 않았고, 찜찜하기도 했다.

그러다가 그런 생각 자체도 "사업하는 사람은 좋은 차를 타야 해."라고 이야기하는 것만큼이나 편견이자 아집일 수 있다는 깨우침을 얻었다. 사실, 사업하는 사람이 좋은 차를 타야 한다는 말은 그 말을 듣는 사업하는 사람이 이를 얼마나 믿고 있는지와는 본질적으로 상관이 없다. 누가 어떤 차를 타는지 궁금해하는 상대방에게 통하는 방식이라야 의미가 생길 뿐이다. 당연히 좋은 차를 타는 사람 입장에서 괜스레 자신감이 솟아나고, 어깨가 든든한 효과를 보는 사람도 있겠지만, 오히려 이 역시도 좋은 차를 탄다고 지켜보고, 부러워하는 시선에 근거한 자신감일 뿐이므로, 외부의 시선에 의존한다는 본질은 달라지지 않는다.

앞서 장사하는 사람들이 솔직해질 수 없는 이유에 대해 잔뜩 늘어놓았다. 그런 이야기를 이 책에 풀어놓은 이유는, 생각보다 많은 사람이 진솔하지 못한 과장과 허풍에 넘어가 불필요한 구매를 하고, 때로는 장사꾼들의 먹잇감이 된다는 생각 때문이었다. 반대로 똑같은 물건을 팔더라도 어떤 사람은 잘 팔아오고, 어떤 사람은 하나도 팔아오지 못한다. 어떻게 구매 욕구를 자극하고, 어떤 방식으로 상대방에게 접근하느냐에 따라 성과가 달라지는 데서 오는 결과다. 범죄나 도덕적 일탈이 아니고서야 때론 그런 구매 욕구가 상대방의 편견에 기반한 것이라면 그 편견을 공략하고, 상대방의 착각에 기반한 것이라면 그 착각에 편승하여야 할 수도 있는 것이 세일즈를 해야 하는 사람의 숙명이다. 그러한 편견이나 착각에는 '좋은 차를 타면 잘나가는 사람, 적어도 궁색하지는 않은 사람'이라는 무의식적인 선입견도 포함될 것이다.

나는 내 아내가 타는 국산 SUV보다도 훨씬 저렴하지만, 생긴건 제법 비싸 보이는 시커먼 외제차를 타면서 내심 우스운 경험을 많이 했다. 일례로, 주차장에서 자전거를 타고 놀다가 넘어지면서 차 범퍼를 긁은 아이의 아버지가 비싼 차에 흠집을 냈다며 어쩔 줄을 몰라 하기에, 괜히 쿨한 척 괜찮다고 하고, 저렴한 가격에 도색을 처리하고 생각해 보니, 과연 이 차가 아니었다면 그 아이 아버지가 그렇게 고마워하고 미안해했을까 싶었다. 또 오랜만에 본 지인으로부터 요즘 돈을 많이 버는 것이 아니냐는 오해를 사기도 했다.

내 스스로는 오토바이를 타며 헬멧을 매달고 다니던 때, 자동차 공유 서비스를 이용하면서 신형 K5의 성능에 감탄하며 운전하던 때와 비교하면 전혀 달라진 것이 없는데, 생각보다 많은 사람이 내가 이용하는 교통수단이 바뀌었다는 점에서 여러 가짜 정보를 유추해 냈다. 그리고 그런 가짜 정보를 유추하는 것이 '사업하는 사람'으로서는 손해 볼 것이 별로 없기도 했다. 내가 굳이 설명하지 않아도 사업을 잘 운영하는 사람으로, 경제적으로 궁핍하지 않은 사람으로, 나아가서 비약은 있을 수 있겠지만 적어도 다른 사람에게 금전적으로 폐는 안 끼칠 것 같은 사람으로 비쳤을 테니까 말이다.

그렇다고 사업하는 사람은 외제차를 타라는 내가 싫어했던 그 시답잖은 소리를 하기 위해서 이런 얘기를 하는 것은 아니다. 세상에 장사꾼들의 뻔한 얘기에 넘어가는 사람이 많기 때문에 장사꾼들이 솔직해질 수 없다는 것을 구조적으로 이해하고, 경계해야 한다는 것처럼 외제차 이야기도 비슷한 맥락이다. 쉽게 설명하자면, 속은 알찬, 심지어는 돈도 많은, 힘을 숨긴 진짜배기 사업가라도 버스와 지하철을 타고 다니면, 세상 사람들은 그를 알아보기는커녕 관심도 가지지 않지만, 삐까번쩍한 외제차 한 대만 보여주면 장황한 설명이 필요 없이 사업가가 전달하고 싶은 정보를 스스로 알아서 입력받는 사람이 대단히 많은 세상에서 그걸 어떤 방식으로 활용할지는 그 생각이 얼마나 건전하고, 적절한가와는 별개의 문제라는 것이다.

다시 한번 강조하지만, 좋은 차를 타고 안 타고는 당신의 자유지만, 내가 착각했던 것처럼 당신이 좋은 차를 타는 것으로 사람을 판단하지 않는다고 해서, 세상 사람도 그렇게 생각한다고 믿는다면 큰 오산이다. 자신의 건전한 신념에 자신이 있고, 흔들리지 않는 주관을 갖는 것은 좋은 일이지만, 그것을 세상 사람에게 공감시키거나, 주입하는 것은 전혀 다른 문제이니 말이다.

나는 사업하는 사람이 좋은 차를 타야 한다는 소리가 속물적이고 얄팍해 듣기 싫었지만, 그것이 내포하는 의미를 경험하고 나서야 알았다. 그리고 그런 얄팍한 술수가 통하는 세상이라면, 건전한 인생의 철학을 논할 만한 정신적 소양이 있다 한들, 괜히 남는 것 없는 공허한 이야기만 늘어놓는 사람으로 비치기 십상이라는 무서운 사실도 깨달았다. 물질적인 허세를 배척하며 잠재적인 거래 상대방에게 정신적인 스승 노릇을 할 것도 아닌데, 사업하는 사람으로서 고매한 정신적 가치를 이야기하는 행위는 번지수를 잘못 찾은 것에 불과했다.

끝으로 사람들이 외제차를 타는 사람을 보고 더 좋게 생각해 준다면 그걸로 된 것이지, 거기서 물질만능주의를 논해봐야 공허한 외침일 뿐이다. 그래서 나는 사업하는 사람으로서 불평불만 없이 오늘도 시커먼 세단에 올라 출근한다.

끊임없는 자랑질로는
답이 없다

지금이야 무슨 차를 탈지 고민하며 시간을 빼앗기거나 차에 의미를 부여하며 정신적인 낭비를 하는 것이 참 성가시지만, 외제차를 떠올리며 가슴이 벌렁벌렁하던 때가 있었다. 아마도 중학교 1~2학년쯤으로, 엄마가 타는 차를 폭스바겐 세단으로 바꿨으면 좋겠다고 혼자 상상의 나래를 펼쳤더랬다. 여유가 있으면 무리하더라도 렉서스도 탔으면 싶었다. 왠지 그 차에 타면 형편이 넉넉한 집안의 자제가 된 것 같지 않을까 하면서 설레곤 했다. 모두 좋은 브랜드인 건 맞지만 그렇다고 해서 어디 가서 뽐낼 만큼 사치스러운 차도 아니고, 그걸 탄다고 누가 관심을 가져주고, 떠받들어 주고, 인정해 주지도 않았을 텐데, 혼자서 망상에 젖어 있었던 모습을 떠올리면 우스꽝스럽기만 하다.

이 책에서야 모든 것에 초연한 듯, 초지일관 달관한 듯 무덤덤하게 글을 써 내려가고 있지만, 솔직히 중학생 시절 브랜드만 외제인 차를 타게 되면 누군가 알아봐 줬으면 했던 그 마음이나, 현재 처자식을 두고 하루하루 살아가는 나의 마음이나 종잇장 하나 차이인 듯하다. 또 그것이 제2 금융권에서 대출을 받아, 한 달에 버는 돈 대부분을 찻값으로 내는 카푸어나 욜로족의 마음과도 거의 다르지 않을 것이다. 누군가 알아봐 줬으면 하고, 우쭐거리고 싶고, 자랑하고 싶은 마음은 다 같을 테니까.

한편, 중학생 때의 나와 지금의 내가 달라진 게 있다면, 자랑으로부터 자유로워지고 싶다는 내면의 다른 욕구와 기왕 자랑한다면 무엇을 자랑하고 싶은지에 대한 대상의 변화 정도일 것이다. 우선 물질적인 부분을 아무리 자랑을 해봐야 돈 많은 사람들 눈에는 우스워 보일 것이 분명한데, 그걸 가지고 혼자 아등바등 고민하고, 뽐내고, 우쭐해 봐야 꼴사나울 뿐이라는 걸 머리로 너무 잘 이해하니 물질적으로 자랑할 생각은 점점 줄어들게 되었다. 특히 그중에서도 더욱 부질없고, 단편적인 모습에 불과한 차를 가지고 나를 뽐낸다는 것이 생각하면 할수록 낯 뜨거워 감히 엄두도 못 내는 것이다.

사실, 이런 사고방식이라면 모든 물질적 자랑은 부질없다. 어떻게 하더라도 최고의 우월감과 만족감을 지속해 줄 방법이 존재하지 않으니까. 가령, 벤츠 C클래스를 샀다면 벤츠 S클래스 차주가 비웃는 것 같고, 대치동에 아파트를 장만하면 한남 더힐 펜트하우스에 사는 사람이 나를 비웃는 듯하며, 한국에서 떵떵거리는 부자가 되더라도 미국의 대부호들 사이에선 또 움츠러드는 기분이 들 수 있다는 것이다. 이렇게 뭔가를 뽐내고 싶은 심리는 항상 양면적이라서 더 큰 비교 대상 앞에서는 자괴감과 불만족감을 선사할 수밖에 없다. 즉, 비교질하고 자랑질해 봐야 잠깐의 만족감만 있을 뿐이라는 말이다.

이러한 이유로 비교와 우쭐거림, 자괴감과 불만족감 사이에서 끊임없이 순환하며 천국과 지옥을 오가다 보면, 무의미한 감정 기복에 시달리느니 차라리 자랑과 비교로부터 초연하고, 자유롭게 살고 싶은 마음이 든다. 물론 그런 결론에 도달한다고 해서 자랑으로부터 자유로워지는 것은 아니다. 개인적으로는 수백만 년간 진화를 거치며 각인된 유전적 특질일지는 모르겠으나, 나에게 유전자를 남겨준 조상들은 여태까지 꾸준히 자기를 비교하고, 증명하고, 개선해 나감으로써 생존할 수 있었던 것으로 판단되며, 그래서인지 주제만 바뀔 뿐 본능적으로 자랑하고 싶은 마음은 완전히 떨쳐 버리기가 어려운 것 같다. 다만, 이런 본능에 충실해 봐야 정신 차리고 생각해 보면 지성적으로는 의미를 찾지 못하니, 자랑이라는 굴레를 내려놓고 싶을 뿐이다. 이런 정돈된 생각이 철없던 중학생의 나와 그나마 조금 더 철든 지금의 내가 가진 사고의 수준 차이라고 생각한다.

언급했듯 부질없음을 자각하면서도 삐질삐질 삐져나오는 그 자랑질을 못 틀어막고 흘리는 경우가 이따금 있었는데, 그 소재를 떠올려 보면 삶의 코스에 따라, 나이가 들어감에 따라 너무 뻔해서 웃음이 난다. 아주 어렸을 때는 우리 집이 남들보다 잘 살았으면 했고, 후에는 남들보다 좋은 대학에 다니는 것, 남들보다 예쁜 여자 친구가 있는 것, 남들보다 돈을 더 많이 버는 것, 남들보다 더 화려한 결혼식을 하는 것, 심지어 이제는 아직 걷지도 못하는 내 아이가 남의 자식보다 아빠 엄마를 더 빨리 말하기 시작했다는 것을 자랑하고 싶었다.

그런데 이런 자랑의 충동 끝에 남는 건 결국 허무함과 공허함 뿐이니 나를 자제해 보려고 하지만, 마음처럼 쉽지는 않다. 그래도 나름대로 적절히 잘 관리하는 편이라고 믿는다. 그래서 그런지 그것을 억지로 보여주는 인위적인 행동은 잘 하지 않게 되고, 쓸데없는 소비도 잘 안 하게 된다. 단순히 남에게 나를 보여주기 위해서 하는 소비는 거의 하지 않는다는 뜻이다. 이로써 남들이 그런 과시성 소비를 한다 싶으면 썩 긍정적인 눈초리로 보는 편은 아니다. 물론 그걸 입 밖으로 드러내기보다는 '저러면 나중에 후회할 텐데.' 하며 마음속으로 꿀꺽 삼키는 것이 전부다.

그러나 근래에, 특히 코로나19 전후로 불어닥친 명품 구매의 열기와 트렌드에 민감한 젊은 세대의 소비 행태, 비싸면 비쌀수록 인기가 많아지는 호캉스와 오마카세 열풍을 보고 있자면 꼰대같이 참견하고 싶어진다. 더더군다나 소비가 단순히 물건을 구매하거나, 소모하는 영역에서 끝나지 않고, 본인이 어떤 사람인지 뽐내는 데 활용해야만 그 진가를 다하기라도 하는 양, 각종 SNS에 공유하는 새로운 문화와 마주할 때마다 공감하기가 어려워 나도 벌써 많이 늙어버렸다는 생각을 하기도 한다.

자기 돈 자기가 쓴다는데 옆에서 이러쿵저러쿵해 봐야 근본적으로는 오지랖에 불과하다. 그렇지만 순간의 자랑 욕구를 만족시키려고, 가진 것을 끌어모아 미래의 안정과 기회를 맞바꿔 사치품을 구매할 때 미래의 자신에게 물어보았는지가 궁금하다. 보통은 죽기 전에 목숨이 붙어있는 한 미래의 내가 그 소비에 대해 돌이켜보는 시간이 한번쯤은 있을 텐데, 아마도 자랑을 위해 화끈하게 지출하는 행동이 과거와 현재, 미래에 걸쳐 시종일관 아름다울 수만은 없다는 생각이 들어서다.

그리고 그런 자랑질은 최고의 충족감과 충만함을 계속해서 가져다주지 않는다. 위에서도 얘기했듯, 비교 본능을 억제할 수 없어 삶의 시시각각 무의식적인 비교를 통해 행복을 진단해 본 경험이 있는 내가 경험적으로 바라보건대, 자랑질로는 절대 결론을 볼 수가 없다. 오로지 남는 건 더 큰 자랑질을 준비해야 하는 부담감과 감당이 되지 않는 소비 규모뿐이다.

이에 따라 앞으로 커나갈 내 자녀에게는 그런 자랑질과 비교질의 무간지옥을 경험하게 해주고 싶지 않다. 본능적으로 자랑하고, 비교하며, 자신의 존재를 인정받고 싶겠지만, 훈련을 통해 극복해야 할 일이지, 끊임없이 자랑을 해서 결말을 낼 수 있는 문제가 아니라고 믿어서다.

하다못해 자랑을 하려면, 외제차, 명품, 호캉스, 오마카세 등을 즐기는 모습을 SNS에 공개하는 것으로 자신의 공허함을 채우려고 하지 말고, 좀 더 지속 가능하고, 정신적 만족도나, 실용성을 높여줄 무언가를 하라고 하고 싶다. 예컨대, 돈은 쓰는 것보다는 버는 것으로 자랑하는 게 차라리 더 도움이 된다고 말이다. 또 돈만으로 자랑하는 것보다는 교양과 학식, 양심을 두루 갖춘 명망을 얻는 게 더 멋있어 보인다고도 일러주고 싶다. 그런데 그 정도 명망을 얻게 된다면, 자랑질에 투자하기보다는 의미

있는 대상을 스스로 발견하게 되지 않을까.

　여하튼 나는 참 꼰대인가 보다. '쓰는 걸 자랑해서 뭐 하나? 쓰는 건 아무나 하는데. 버는 걸 아무나 못하지. 이상한 세상이다.' 와 같은 생각을 하는 걸 보면.

적절한 자랑은
필살기가 된다

당신은 편견이 있는 사람인가? 편견의 사전적 정의는 '공정하지 못하고 한쪽으로 치우친 생각'이다. 공평하지 않고, 올바르지 못하다는 뜻으로 쓰이는 말이니만큼, 자신이 편견이 있는 사람이라고 선뜻 인정하는 사람은 많지 않을 것이다.

그렇다면 한쪽으로 치우친 생각은 무조건 나쁜 것일까? 한쪽으로 비뚤어진 모양새를 떠올리면 언뜻 그럴 것 같다가도, 한쪽으로 치우치지 않은 생각이란 대체 무엇이고, 그런 것이 과연 존재하기는 한 것인지, 만약 존재하더라도 그런 생각으로 세상을 살아갈 수는 있는지에 대해 고민하게 된다.

그럼, 질문을 더 이어가 본다. 마약과 도박은 나쁜 것일까? 범죄 전과가 있는 사람들은 나쁜 것일까? 마약 중독자나 전과 10범과는 어울려서는 안 되는 것일까? 여기에 어느 한쪽으로도 치우치지 않게 생각한답시고 모든 판단을 유보한 채, 그러한 판단 유보 상태가 기계적인 중립이라고 선언한다면, 나름대로 한쪽으로 치우치지 않는 사고를 하는 코스프레를 할 수는 있겠지만 엉뚱한 결론에 도달할 가능성이 높을 것이다. 물론 마약과 도박도 합법으로 하자는 논의가 꾸준히 있고, 범죄 이력이 있는 사람들의 인권과 그들을 차별하는 사회적 시선에 대해서 개선하자는 목소리도 끊이지 않고 있지만, 이 세상 어디를 가든 마약과 도박의 규제 필요성에 대해서는 어느 정도 사회적 합의를 갖추지 않은 곳을 찾기가 어렵고, 범죄 이력이 자랑이 되는 막장 사회도 없다. 왜냐하면 아무 판단도 하지 않으면, 다 같이 잘 먹고 잘살자고 사회를 이룬 인간 사회가 제도적 결단을 내리지 못하고 동물의 왕국이나 다름없게 되기 때문이다.

무언가를 결단하고, 결정하는 것은 이처럼 어느 정도 한쪽으로 치우치는 것을 감수하지 않고서는 가능하지가 않다. 그리고 이런 결정과 결단은 단순히 사회를 구성하는 제도적 관점에서만 유효한 것이 아니다. 매일을 살아가는 소시민에게도 하루에도 숱한 결정과 결단의 순간이 찾아오기 마련이다. 모든 판단을 유보한 채로, 아무 결정도 하지 않고 살아갈 수는 없다는 뜻이다. 이런들 어떻고 저런들 어떠 하리와 같은 자세로 유유자적하며 살아가고 싶더라도, 당장 오늘 점심을 어느 음식점에서 배달시켜 먹을지에 대해서조차 고민하지 않고, 결정하지 않을 수는 없다.

당연히 더 좋은 결정, 더 나은 결정을 하고 싶지 않은 사람은 없다. 관심 없는 척하더라도, 결국 자신의 욕망과 맞닿아 있는 어느 지점에서는 더 나은 선택을 위해 고민할 수밖에 없다. 잘못된 선택은 비용을 수반한 고통으로 이어지니까. 이에 더 좋은 의사 결정을 위해서 우리는 많은 정신적 활동을 한다. 그리고 이 과정에서 절대 빠질 수 없는 것이 정보 수집이다.

개인마다 방법과 양태에 차이가 있을 뿐, 더 좋은 의사 결정을 위해 정보를 수집하지 않는 사람은 찾아보기 어렵다. 게다가 불과 수십 년 전보다 정보의 유통과 교류가 정말 손쉬워져, 선택과 결정에 기로에 놓인 사람들은 빠르고, 쉽고, 경험적으로 실패할 확률이 낮은 정보 수집 방법을 물색한다. 뻔한 얘기를 뱅글뱅글 돌리며 길게 이야기했지만, 결국 인터넷을 검색해 보고, 다른 사람들의 후기를 확인하며, 이미 검증된 것으로 보이면 이를 신뢰하고, 의사 결정에 활용한다는 이야기다.

일례로 요즘은 물건을 팔든, 서비스를 제공하든, 리뷰 작업을 하는 것은 기본 중의 기본인데, 각종 SNS와 다양한 플랫폼의 후기와 리뷰란에 가득한 사회적 증거를 보고 나면, 이 중 상당 부분이 가짜일 수도 있다고 생각하면서도, 아예 정보가 없는 선택지를 선뜻 선택하기란 정말 어렵다. 그리고 일정 숫자 이상의 사람들이 남긴 후기와 리뷰를 보고 난 후에는, '설마 이렇게 많은 사람이 다 거짓말을 할까?' 하며 의심도 거둬들이게 된다.

단언컨대 이런 의사 결정 방식은 많은 경우에 굉장히 쓸 만하다. 무작위로 선택하는 것보다 더 나은 선택을 할 확률을 훨씬 높여주니까. 예컨대, 아주 많은 사람이 인정하고 칭찬한 기록이 있다면, 나와는 맞지 않는 선택지일 가능성이 있을지언정 그들 전부가 거짓말하는 것이 실질적으로 어려우니 실패 가능성을 확연히 줄여준다. 그뿐만 아니라 복잡한 정보를 직접 분석하고, 따져볼 필요도 없이 다른 사람의 눈을 빌려 미리 확인해 볼 수도 있어서 경제적이기도 하다. 스스로 골라야 하는 선택지에 대해 내재적 분석 없이 외부의 자료만을 참고해 의사 결정을 한다는 것은 다분히 어느 한쪽으로 치우치기 쉬운 코스이지만, 쓸 만하다면야 치우쳐 있건, 대쪽 같은 중용을 견지하는 방법론이건, 무슨 상관이겠는가?

또 앞서 자랑은 본능이라고도 이야기했지만 때로는 전략적이고, 의도적인 선택인 경우도 있다. 잘나 보이고, 잘나가 보이는 것은 상대방에게 단순하지만 묵직하고 중요한 정보를 전달하고 있는 것이다. 즉, '사회적으로 인정받고 있다.'거나 '이미 다른 사회 구성원들에 의해 검증된 사람'이라는 시그널이 된다. 대면하고 있는 상대방이 나뿐만 아니라, 이 사회를 구성하는 다른 여러 사람에 의해 인정받고, 신뢰받는 사람이라는 것은 상대방의 속마음을 들여다볼 수 없고, 상대방의 정보를 속속들이 파악하기에는 많은 시간과 비용이 필요할 때 아주 경제적이고, 손쉬운 해결책을 제공해 준다. 더욱이 모든 정보를 스스로 검증해 보기 귀찮아하거나, 그럴 의욕이 있더라도 능력이 부족한 사람들에게는 지나칠 수 없는 대안이기도 하다.

그런데 이렇게 경제적인 의사 결정 방식이 항상 좋은 결과만을 낳는 것은 아니다. 안타깝게도 자체 검증을 거치지 않고, 외부 정보에 이끌려 어느 한쪽으로 쉽게 기울게 되는 사고방식은 이를 교묘하게 이용하려는 사람들에게 아주 손쉬운 요릿감이 된다. 가장 흔한 편견과 가장 손쉬운 겉치레를 이용해 의사 결정을 왜곡시킬 수 있기 때문이다. 이는 단순한 가정이 아니라, 지금 이 순간에도 숱하게 일어나고 있는 일이다.

설명을 덧붙이자면, 나는 어렸을 때부터 사람을 겉모습으로만 판단하지 말라고 배웠는데, 사회에 나와 겪어보고 나니 공교롭게도 세상의 판단 기준은 그와는 현저히 다른 양상이라는 생각을 굳히게 되었다. 더불어 '있어 보이는 척하기', '잘나가는 척하기'는 아무런 가진 것이 없이도 상대방의 신뢰를 쌓아나가는 데에 우월한 전략임을 배웠다. 가령, "잘나가는 사람인 줄 알았는데 정작 아무것도 없더라."는 이야기를 듣는다면, 누군가 한번이라도 거들떠는 봤다는 말이다. 이로써 아무것도 없더라는 망신을 당할지언정, 아무도 거들떠보지도 않는 것보다는 더 나은 기회를 얻을 수 있으니, 그런 태도를 취하는 건 분명히 유리한 점이 있는 것이다. 한마디로 없어 보이면 기회도 없고, 될 것도 안 된다는 냉엄한 현실이다.

이것이 '이유 있는 자랑'이 세상에 만연한 원인이라고 본다. 자랑 본능에 못 이겨 도저히 스스로를 통제하지 못해 자랑하는 사람도 많겠지만, 아직도 겸손이 미덕이라며 자제를 종용하는 사회적 압박 속에 살아가는 우리 사회에서 나 잘났다고 자랑하는 사람이 그토록 많다는 점은 주목할 만한 일이다. 그리고 나 잘났다고 자랑하는 것을 단순히 뽐내지 못해 안달 난 사람들의 철부지 같은 행동으로 볼 것만도 아니다. 그중 상당수는 먹고살기 위한 의도적 시그널링이며, 생계의 방식일 테니까.

한편, 수많은 자랑 중에 눈에 띄는 것 중 하나가 돈 자랑이다. 수억 원의 슈퍼카, 호화로운 사무실, 최고급 펜트하우스 등. SNS가 발달하면서 이를 누구나 들여다볼 수 있는 온라인 공간에 자랑하고, 너도 이렇게 될 수 있다며 보는 이들의 욕망을 자극하는 사람이 아주 많아졌다. 개중에는 대한민국을 떠들썩하게 한 사기꾼들도 있었다.

이처럼 가장 극단적인 방식으로, 가장 단순한 메시지를 전달하며 청중의 본원적인 욕망을 자극하는 자랑을 하는 사람에게 스스로를 위한 명확한 목적이 없다고 생각하는 것은 정말 부자연스럽다. 왜냐하면 부의 과시와 과도한 물질적 허영심의 표출은 어느 사회든 권장하지 않고 특히 우리 사회에서는 문화적으로도 배척받는 행위이므로, 이런 짓을 하는 것 자체가 대단히 위험한 일이기 때문이다. 단적으로 굳이 당하지 않아도 될 세무조사의 대상이 될 수도 있고, 사회적 지탄을 받거나, 정치적인 탄압을 받는 과정에서 물질적인 풍요를 위협받을 수도 있으며, 심각하게는 대중에게 노출된 부를 노린 범죄의 표적이 될 수도 있다. 이 모두를 감수하며 자랑질을 한다는 것은 불치의 자랑병이 있는 것이 아닌 한 스스로를 위한 뚜렷한 목적이 있다고 봐야 하지 않을까? 생각해 보자. 1년에 엄청난 돈을 버는 톱스타들이 돈 자랑을 하는 것을 본 적이 있는가? 오히려 무엇을 가졌는지 감추기에 급급한 것이 보통이다. 물질의 과시란, 어지간한 각오로는 함부로 다룰 수가 없는 위험한 소재인 까닭이다.

이런 리스크를 감수하고서까지 자랑하는 이들은, 위험한 자랑질의 대가로 얻을 수 있는 것이 무엇인지 저울질해 보고 있기 마련이다. 돈을 펑펑 쓰고, 멋있는 척을 했으니, 더 멋있는 척을 하면서 더 큰 돈을 벌든, 벌지는 않더라도 누군가의 돈을 갈취해야만 셈법이 맞다. 근자에 들어서야 "돈 자랑 하면 사기꾼"이라는 이야기가 점점 공감대를 얻고 있는 듯한데, 단순히 그 명제에만 주목하지 말고, 그 이면의 논리 구조를 생각해 보면 자연스럽고 합당한 결론이다. 그 반례가 전혀 없지는 않을 것이라서 이조차도 한쪽으로 치우친 생각일 뿐이겠지만, '돈이 많아야만 할 수 있는 일을 자랑하니까 돈이 많을 것이고, 돈이 많으니까 돈을 많이 벌고 있는 것일 테고, 돈을 많이 벌고 있으니 능력도 있고 믿을 만한 대단한 사람일 것이다.'라고 무의식적으로 경도된 생각을 갖는 것보다는 훨씬 쓸모 있는 생각의 기제가 아닌가 싶다.

자기 자랑을 하는 사람들을 사기꾼인 양 이야기한 것은 아닌가 싶은데, 그런 극단적 사례가 아니더라도, 자신이 유능하다는 신호를 전달하기 위한 외면의 징표로서 물질적인 치장을 하는 사람, 혹은 해야만 하는 사람이 적지 않다. 영업직군에서 일해

본 사람들은 아마 공감할 것이다. 잘 차려입은 정장 차림으로 고객을 응대하는 것과 트레이닝복 차림으로 씻지도 않고 고객을 응대하는 것이 같을 수가 없다. 이러한 외면의 징표를 더 민감하게 받아들이는 사람들을 상대할수록 그 효과는 클 것이다. 앞서 외제차 이야기를 잠깐 했었는데, 결국 세상에서 이런 자랑과 과시가 먹히는 사람들이 남아있는 한 이유 있는 자랑을 하는 사람들도 없어지지 않을 것이다.

그런데 자랑과 과시가 먹히지 않는 세상이 올 수 있을까? 절대 그렇지 않을 것이라고 본다. 그러니 자랑쟁이 사이에 껴 있는 쭉정이를 알아보는 눈을 갖추고, 필요할 때 적절한 자랑을 펼칠 수 있다면 제일 유리하지 않을까. 얕은 수작이라도 쓸모 있게 활용하면, 전가의 보도 즉, 필살기가 되니, 나도 체질에는 맞지 않지만 부쩍 겸손만이 세상을 살아가는 유일한 방법이 아니라는 생각에 곁눈질로 자랑쟁이들의 생존 방식을 배워가고 있다.

나를 알리지 않으면
아무도 알아주지 않는다

거듭해서 세상의 편견, 사회의 편견 그리고 나의 편견에 대해서 풀어놓고 있다. 이는 평범한 개인이 험난한 세상을 혈혈단신으로 헤쳐 나가려면, 대략 세상이 돌아가는 방식과 그에 처신하는 방법을 알아두면 좋다는 생각에서 출발한 것이다. 또 그 기저에는 치사하고 부조리한 현실을 부정하고, 본인은 그와는 다르다고 이해조차 하지 않으려 고집부려 봐야 시행착오와 고난만 길어진다는, 내 경험에서 비롯된 사고가 자리하고 있다.

직전에 이야기했던 것처럼 사회적 증거가 사람들의 의사 결정 과정에 미치는 영향은 크다. 그리고 앞으로도 지금보다 더 작아질 일은 없을 듯하다. 그런데 딱 봐서 믿을 만한 사람, 신뢰할 만한 사람이 되는 것 말고도 '유명해진다는 것'에 대해 이야기해 보고 싶다. 비슷한 맥락으로 보일 수도 있지만 '딱 봐서 잘나가 보이는 것'과 '많은 사람에게 이름이 알려진 것'은 분명 다르다.

'낭중지추囊中之錐'라는 사자성어가 있다. 주머니 속의 뾰족한 송곳은 결국 뚫고 나온다는 뜻으로, 쉽게 '잘난 사람은 숨어 있어도 저절로 사람들이 알게 된다.' 정도로 풀이할 수 있겠다. 나는 이 사자성어를 철석같이 믿었던 사람이었다. 지금도 마냥 틀린 이야기는 아니라고 생각하지만, 내 능력이 뛰어나니 가만히 있어도 사람들이 알아줄 것이라고 생각했던 학생 시절의 믿음은 철없는 착각에 불과했다고 평가하고 싶다. 뾰족한 송곳을 주머니에 두면 복불복으로 어떤 송곳은 주머니를 뚫고 나오고, 어떤 송곳은 평생 옷장에 처박혀 있을 것이다. 사실, 송곳이 노력한다는 말이 좀 우습지만, 평생 주머니에만 갇혀 지내기 싫으면 뭐라도 찔러봐야 한다. 다시 말해, 결국 세상이 알아준다는 확신은 우직하고 꾸준하게 내 할 일을 하는 데에는 좋지만, 진짜 세상에 나를 알려야 하는 상황에서는 적절치 못하다.

앞서 나는 초등학생 때부터 음악에 심취해 있었고, 중·고등학교를 거쳐 대학생 때까지 R&B 보컬부터 어쿠스틱 밴드에 이르기까지 끊임없이 음악 활동을 했다고 고백한 바 있다. 전국 규모의 가요제에서도 여러 차례 입상했고, 심지어 음악이 너무 좋아서 음악을 업으로 할까 하는 고민도 많이 했었다. 지금도 간간이 기회가 있으면 음악과 관련된 방송에 출연하려고 노력 중이다.

한편, 이렇게 오랜 기간 어중간하게 음악을 해오다 보니 나와 비슷하게 실용음악 혹은 대중음악을 업으로 삼을까 하는 고민을 하거나, 이미 그러한 결심을 하고 노력하는 사람을 많이 접한 바 있다. 이들은 기본적으로 무대를 좋아하고, 무대에 서는 것을 즐기고, 타인의 시선과 주목을 받는 것을 좋아한다. 무대라는 독특한 환경에서 특별한 존재로 느껴지는 것을 좋아하는 사람들이다 보니 자의식도 강하다. 그로 인해 언젠가는 스타가 되겠다는 생각으로 버텨나가는 사람이 많다.

이렇게 예술을 한다는 사람들이 그리는 구체적인 판타지와는 좀 다르더라도, 세상 어디에 내놓아도 당당한 삶의 주인공으로서의 자신의 모습을 그리는 사람은 정말 많을 것이라고 믿는다. 그 구체적 모습이 슈퍼스타가 되는 것이든, 많은 돈을 벌어 남부럽지 않은 삶을 사는 것이든, 다른 어떤 방법으로든지 화려하게 자아실현을 하는 데 있든, 누구나 자기 삶의 주인공은 자신이 되기를 원하고, 기회만 닿는다면 자신을 중심으로 한 판타지를 펼쳐나가고 싶어 하는 욕구가 있다.

하지만 누구에게나 그런 꿈과 욕망이 현실이 되는 것은 아니다. 이 경우 자기만의 판타지와 자아는 현실의 제약과 좌절을 만나면서 점점 흐릿해지는 경우가 많지만, 어떤 사람들은 절대 포기하지 않고 초심대로 밀고 나간다. 물론 나처럼 갑자기 변절해서 어렸을 적 꿈으로 남겨두고, 다른 방향의 대안으로 삶의 방식을 찾는 사람이 훨씬 더 많아 보인다. 당연히 어떤 선택을 하든 당사자의 의지이고, 자기가 원하는 삶의 방향을 찾아 나간다면 맞고 틀리고의 문제는 아니다.

그런데 그 과정에서 나의 자아가 세상과 맞닿는 지점에서 어떤 자세를 취하고, 마음가짐이 어떤가에 따라 결과도 많이 달라지는 것 같다. 설명을 덧붙이자면 '가만히 있어도 세상은 나를 반드시 알아줄 거야.'라는 생각을 하고 있는지, '내가 나를 알리기 위해서 무엇을 해야 할까?'라는 고민을 안고 있는지에 따라 차이가 발생한다는 뜻이다.

위에서 이실직고했듯, 나는 낭중지추를 마음에 새기며 세상이 나를 알아줄 것이라고 믿었다. 그건 아마도 중2병에, 자의식 과잉에서 일어난 사고였던 듯한데, 생각을 고쳐먹은 다음 관찰한 결과 가만히 있어도 세상이 알아주는 것은 극히 소수의 천재나 행운아들에게나 있을 법한 일이었다.

더군다나 근래 들어서 의심스러운 점은 하늘이 내린 천재라고 하여, 누구나 필연적으로 세상에 알려지고, 사람들이 그 재능을 알아보게 되는 것인가 하는 부분이다. 재능의 크기나 정도를 객관적으로 평가하는 것 자체가 애매하겠지만, 사람들에게 알려지고 대중적인 인지도를 갖추는 것은 생각보다 많은 노력과 시간이 필요한 일이고, 거기다가 운까지 따라주어야 하기 때문이다. 특히 그만큼의 경제적 보상이 따르기도 해서 경쟁이 치열하다. 이런 여건에서 자연스럽고 유기적으로 유명해지는 것이 불가능하지는 않지만, 그것이 누구에게나 운명적으로 찾아올 일이 될 가능성은 희박하다.

이 역시 나 스스로 경험해 보기 전까지는 유명해진다는 것이 얼마나 어렵고, 얼마나 많은 사람이 치열하게 경쟁하며, 얼마나 많은 보상이 따르는 일인지 미처 깨닫지 못했다. 이제는 우리 일상에서 공기처럼 자연스럽게 존재하여 풍부하다 못해 흘러넘치는 탓에 무감각해지기 쉬운데, 미디어를 가득 메운 뉴스, 콘텐츠, 크리에이터와 등장인물은 단 한 사람의 관심이라도 더 끌기 위해 고군분투한다. 한마디로 보이지 않는 아우성이자, 소리 없는 전쟁이라고 할 수 있을 정도로 많은 돈과 고민과 노력과 시간이 소모되는 경쟁이다.

그렇다면 대중에게 주목받기 위해 이토록 피 터지는 노력을 기울이는 이유는 뭘까? 그것이 바로 돈이고, 권력이어서다. 표현이 너무 거창하지만, 사람들의 관심은 돈이 되고, 정치적인 영향력이 되며, 그 자체가 즐겁기까지 한 유희가 된다. 너무 딱딱하게 설명해서 와 닿지 않는다면, 이런 예는 어떤가? 수십만 구독자를 자랑하는 인기 유튜버들은 얼마를 벌까? 아마 이러한 주제로 담소를 나눠본 사람이 적지 않을 것이다. 나도 "유튜브 조회수 1회당 1원이니, 100만 조회수를 기록하면 100만 원을 번다는 건데, 영상을 주 2회 올리면 월 800만 원을 버는 것이 아니냐."는 단순한 셈법으로 이야기하는 사람을 많이 봤다. 그러나 대부분의 유튜브 채널이 돈을 버는 방법은 그 영상을 통해 특정 상품을 광고하고, 광고주로부터 직접 돈을 받는 방식이다. 이는 방송사나 신문사 등 여타 미디어가 취하는 방식과 큰 틀에서 다르지 않다. 즉, 유튜버들이 조회수로 유튜브로부터 광고 수익을 받아 먹고산다는 통념과는 달리, 유튜버들은 개별 광고주에게 브랜드나 상품을 홍보하는 이른바 브랜디드 콘텐츠BDC, 간접광고PPL 등을 통해 훨씬 더 큰돈을 벌어들인다. 수십만 구독자를 보유한 채널이 한 편을 찍어주고 받는 돈은 채널마다 천차만별이긴 하지만, 적게는 수백만 원에서 많게는 수천만 원에 달한다. 거기에 기회가 되면, 자신이 직접 자신의 상품을 출시해 소득을 올리기도 한다. 전부 미디어, 인지도, 콘텐츠의 주목도가 뒷받침

되기에 가능한 일이다. 이렇듯 대중의 관심은 돈으로 직결된다.

　앞에서도 숱하게 이야기했다. 상품과 서비스를 기획하고 만드는 것만큼이나, 어쩌면 그보다도 더 중요한 문제는 어떻게 알려서 이윤을 많이 남기는 가격에 파는가인데, 대중에게 유명해지는 것은 이와 직접 맞닿아 있다. 그렇다고 앞뒤 없이 무조건 유명해진다고 해서 내가 팔고 싶은 것을 다 팔 수 있는 건 아니지만, 적어도 유명하지 않은 것보다는 훨씬 유리하다. 유명하지 않다면 아무 반응도, 아무 일도 일어나지 않을 가능성이 높으니까.

　여기에 이어서 연예인은 이미지가 생명이라는데, 굳이 비호감 캐릭터로 방송에 출연하는 연예인을 보면 밥맛이라는 생각을 하면서도 '저 사람은 왜 저럴까?'라고 의문을 품어본 적 있는가? 물론 그 누구도 대중으로부터 맹목적인 미움을 받고 싶은 사람은 없을 것이다. 그것이 가족부터 친구까지 모두 지켜볼 수 있는 오픈된 미디어를 통한 것이라면 더더욱 그러하지 않을까? 그런데도 비호감이라는 말을 들으며, 꿋꿋하게 방송에 출연하다가 자리를 잡은 연예인들은, 갑자기 착해졌다거나 성격이 변한 것이 아니라 그들의 전략적인 선택에 의한 성과로 볼 수 있다. 쉽게 말해 대중에게 얼굴을 먼저 알린 후, 제자리를 찾아간 것일 뿐이다. 유명해지지 않으면 호감이든, 비호감이든, 자신의 이미지를 만들어 나갈 기회조차 허용되지 않는 냉혹한 세계라서 자신만의 방식으로 활동의 폭을 넓혀간 것이다.

그런데 이런 상황이 소수의 연예인 또는 대중의 관심을 받아야만 먹고사는 특정 직종의 사람들과 미디어나 콘텐츠 분야에만 국한되는 이야기일까? 불특정 다수의 관심을 받아먹고 사는 사람들에게는 대중적 인지도가 중요한 것은 의심의 여지가 없는 사실이지만, 그 '인지도'의 폭을 불특정 다수로서 대중이 아닌 특정 분야나 업계로 한정해서 생각해 보면, 이로부터 자유로울 수 있는 직업인은 많지 않을 것이다. 이해가 되지 않는다면, '대중적 인지도'를 '업계 내의 인지도'로 치환해 보면 명확해진다.

나는 일반인으로서 특이하게도 유튜브 채널도 운영해 보고, 기성 방송에도 10번 넘게 출연했으며, 스타트업을 운영하며 금융과 IT 업계를, 전문 직업인으로서 변호사 업계를 모두 체험해 봤다. 뉴미디어, 레거시 미디어, 금융 및 IT, 변호사 업계라는 서로 다른 업계 모두가 공유하는 공통점이 전혀 없을 것 같지만, 각 분야 간 극명한 차이점에도 불구하고, 한 가지 명확한 공통점이 있었다. 바로 인지도가 '기회'와 직결된다는 점이다.

최근 몇 년간 청년층이 원하는 일자리를 갖기가 힘들다는 말과 함께 농담처럼 "전부 다 경력직을 뽑으면 어디서 경력을 쌓느냐."라는 푸념을 많이 했었는데, 이는 비단 직장을 구하는 사회 초년생들의 고민만은 아니다. 전문가의 세계에선 모두가 경력직을 원하니까. 여러 사람이 모여서 조직을 이루어 서로 가르쳐주고, 배우면서 일을 해나갈 수 있는 규모 있는 회사에서는 공채로 신입사원을 뽑아 교육해 줄 여유라도 있다. 하지만 당장 돈을 버는 일을 해야 하는 산업 현장에서 그러한 배려는 사치스러울 때가 많다. 그렇기 때문에 방송 출연진을 구할 때는 경력도 있으면서 대중적 인지도가 높은 사람을 원하고, 외주 용역을 줄 IT 회사를 구할 때는 경험 있고 수행 이력이 좋은 회사를 원하며, 변호사에게 사무를 위임할 때는 5년이든, 10년이든, 경력에 더해 전문성을 입증할 수 있는 자료를 요구한다. 사정이 이러하니, 어느 분야든 경력이 없으면 경력을 만들 기회가 없다. 한마디로 좋은 기회를 잡기 위해서는 행운이 따르거나, 이미 그 기회를 잡을 만한 자격이 있다는 인지도를 갖추고 있어야 하는 아이러니가 발생하는 현실이다.

이에 국민 개인 간 공정한 기회의 부여라는 정치적 문제에 대해서 "왜 모두에게 균등하게 기회를 주지 않느냐?"는 물음은 합리적이고 상식적인 질문이다. 그런데 이를 산업 주체와 사경제 주체가 자신의 이익을 추구하는 이기적 존재라는 냉정한 기준에서 바라본다면, "경력을 쌓을 곳이 없는데 경력직만 뽑으면 어쩌라는 것인가?"에 대한 질문에는 "그건 내 알 바 아니고, 할 줄 아는 사람만 모여라."는 단순한 대답이 나올 수밖에 없다. 이에 따라 유명하다는 것, 인지도가 있다는 말은 곧 할 줄 아는 사람·회사·전문가로서 이름이 알려지는 것이고, 연예인과 유튜브 채널이 대중적 인지도가 필요한 것처럼, 직업인이나 산업체로서 자기 노동력이나 상품 그리고 용역을 팔려면 업계 내에서 유명함과 인지도가 요구된다. 이러한 실상에서 결국 낭중지추이므로, 주머니 속에서 송곳날을 갈고만 있으면 끝내 주머니를 뚫고 나가게 될 것이라는 믿음은 그대로 이루어지면 다행이지만, 실로 안일하고 게으른 태도에 지나지 않는다는 생각이 든다.

내 두 눈으로 세상을 보고, 내 두 귀로 세상의 소리를 듣다 보니 세상이 내 중심으로 움직이는 것처럼 느껴지지만, 사실 손을 번쩍 들고 소리를 지르더라도 길 가는 사람 수십 명의 관심조차도 끌기가 어려울 정도로 세상 사람은 나라는 존재에 대해 관심이 없다는 것이 내가 개인적 경험으로부터 배운 사실이다. 그런데 거기서 능력 있는 사람, 유능한 사람으로서 업계 내 인지도를 높이는 일이 쉬울 리가 있겠는가? 낭중지추니까 세상은 결국 나를 알아준다며 가만히 있는 것은, 마치 유능하고 정직한 대통령 후보면 선거 운동을 하지 않아도 된다는 얘기나 마찬가지다.

타인에게 무언가를 잘 알리면, 그것은 돈이 되고 권력이 된다. 그러하기에 기업들은 광고에 돈을 쏟아붓고, 매체성 높은 미디어 회사는 그 자체로 엄청난 기업적 가치를 가지는 것이며, 정치인들은 인지도를 높이기 위해서 욕먹는 것을 감수하고 사진 한 컷, 기사 한 꼭지에 더 노출되고자 무리수를 둔다. 결국 그것을 불특정 다수에게 알리느냐, 내가 속한 업계 사람에게 알리느냐, 소수의 특정인에게 알리느냐의 문제일 뿐, 내가 누구이며 왜 상대방에게 필요한지를 잘 알리는 것은 내재적인 능력을 갖추는 것만큼이나 혹은 때로는 그보다도 더 중요한 일이 된다.

이러한 이유로 유명해진다는 것은 가치가 있다. 그렇다고 모두에게 대중적 인지도가 필요한 것은 아니다. 그러나 누구든 자신이 선택한 분야와 범위 안에서는 유명해져서 절대 나쁠 것이 없다. 적어놓고 보니 지인이 했던 말이 생각난다. 요약하자면, 일 좀 한다고 소문나니 먹고살 걱정이 없어졌다는 내용이었다. 그가 낭중지추라서 그 재능이 드러난 것인지, 본인이 일 잘한다고 소문을 낸 것인지는 모르겠지만, 적어도 직업인으로서나, 전문가로서 유명해서 나쁠 게 없다는 것만큼은 분명해 보인다.

PART
4

세상의 편견에도
무너지지 않을
당당함이라는 무기

학벌주의에서 나를 증명하는 법

종종 진학과 진로에 관한 질문을 받고는 한다. 가령, 재수를 해야하는지, 학교와 학과를 어디로 선택해야 할지, 직장은 어떻게 선택해야 할지 등의 내용이다. 그리고 질문자들이 처한 상황과 고민도 각양각색이다. 그중 학벌 고민은 입시를 준비하는 학생을 차치하고서라도 대학생이든, 대학원생이든 안고 있는 걸 보면, 입시를 마친 후에도 한동안 그들 머릿속에 맴돌고 있는 주제인 것 같다. 물론 대부분은 직업 세계로 뛰어들고, 몇 년 지난 후에는 새로운 기준에 따라 학벌 같은 건 잊어버리지만, 일부 특이한 직종이나 개인차에 따라서는 반드시 그렇지만은 않은 듯하다.

사실, 우리나라 학벌주의의 폐해에 대해서는 오랜 세월 사회

문제로 지적되어 왔지만, 최근에는 그보다 돈이 최고라는 인식이 강하게 자리 잡은 것으로 보인다. 그럼에도 불구하고 여전히 명문대, 특히 최근에는 자격 취득에 따라 어느 정도의 고소득이 보장되는 의과 대학을 향한 열망이 여전히 뜨겁다. 좋은 학교를 나오면 더 나은 기회를 보장받고, 일부 전문직의 경우 경제적 안정과 풍요로움을 보장받을 수 있다는 확신 때문일 것이다.

 냉정히 말해서 학벌로 인한 기회의 차이는 분명 존재한다. 그러나 학벌을 비롯한 여러 여건의 차이로 인해 차별도 받지 않고, 공정한 기회를 부여받아 공정하게 경쟁할 수 있다면 얼마나 좋을까? 그런데 이 '공정한 기회'에 대해 과연 사회적 합의가 존재하는지는 의문이다. 학벌이 아니라 능력에 따라 평가하면 공정한 것일까? 아마도 학벌로 차별하지 말고, 능력주의에 따라서만 평가하자고 하면, 동의할 사람이 많을 듯하다.

 몇 년 전부터 논란이 되어 온 블라인드 채용이 등장한 계기도 그와 무관하지 않을 것이다. 하지만 이른바 블라인드 채용의 결과를 살펴보면 묘한 점이 있다. 한 국회의원실의 보고서에 따르면, 금융감독원과 금융공기업 8곳의 블라인드 채용 도입 전후를 비교했을 때, 취업준비생에게 가장 인기 있는 서울 지역 금융공기업은 오히려 블라인드 채용 도입 이후, 이른바 SKY 출신 신입사원의 비중이 같거나 늘었다고 한다. 학벌주의와 능력주의는 상관관계가 아주 높은, 떼려야 뗄 수 없는 부분이 아닌가 싶은 생각이 드는 대목이다.

　학벌주의가 지금까지 국민적인 공분의 대상이 된 것은 '시험 한 방'으로 이후의 삶이 정해졌던 경직적인 사회구조 때문일 것이다. 시험 한번에 남들보다 더 좋은 기회를 잡고, 평생 비교적 안온한 삶을 보장받는 것을 계급적 문제로 인식하고, 그에 대한 거부감이 있었던 것이다. 그런데 이러한 경향이 아직 남아있는가라고 묻는다면 그렇다고 할 수 있겠지만, 과거와 같이 극명하게 나타나고 앞으로도 그럴 것인가라는 질문에는 그렇지는 않아 보인다고 말할 수 있다.

　한 차례의 시험에 풍요롭고 안락한 여생을 보장받는 학벌주의를 치를 떨도록 싫어하는 사람이 많은 우리 사회지만, 역설적으로 스스로 그 주인공이 되고자 하는 욕망도 절실해 보인다. 이 책을 집필하는 2023년 현재, 대한민국 입시에서 여전히 의대, 치대, 한의대, 약학대, 수의대 등 의료 관련 학과의 진학 열풍이 높은 것만 봐도 알 수 있다. 이 같은 현상은 전문 직종을 보호해주는 노동 공급의 통제와 그로 인한 고임금의 보장 때문이라는 사실에 의심의 여지가 없다. 시험 결과만 좋다면야 경제적 안락함을 기대할 수 있으니, 경쟁의 열기가 식지 않는 것이다.

그렇다면 이런 전문 직종이 아닌 사람들에게 학벌의 의미는 퇴색되고 있는 것이 아닐까? 그렇다. 학부 학벌만으로 스스로에 대한 모든 설명이 끝나는, 이후 삶에서 경쟁이 필요하지 않은 그런 시대는 이미 지나가 버렸고, 좋은 학벌을 갖추더라도 닿기 어려워 보이는 경제적 부유함이 더더욱 인정받는 세태에서, 학벌이란 대체 어떤 의미를 갖는 것인지 의문을 품는 학생이 늘어나는 것으로도 느껴진다.

그러나 결론적으로 학벌주의는 시험 한 방의 합격주의에서 시험 외의 다른 기준을 따져보는 대안적 능력주의로의 변화 등으로 형태만을 바꾸어 나가고 있을 뿐이다. 능력주의가 살아남는 한 여전히 그 본질은 유효하고, 앞으로도 능력주의가 팽배한 이상 우리의 정신을 계속해서 지배하리라고 확신한다. 정규 교육과 고등교육을 받았는지를 두고 사람을 평가하는 학벌주의란, 능력주의의 첫 관문으로 가장 신뢰할 만한 기준이자 제도가 포기할 수 없는 경제적인 선택이니까. 설명을 덧붙이자면, 초·중·고·대학교를 놓고 보면, 정규 교육 과정으로만 12년에 이르는 교육 및 평가 데이터가 담겨 있고, 손쉽게 활용할 수 있는 평가 기준을 능력주의 관점에서 포기할 이유는 전혀 없다.

흔히 강한 능력주의 경향을 보이는 나라로 미국을 들고, 미국에서는 좋은 학벌이 없어도 좋은 직장에 들어가 성공할 수 있다는 생각을 하는 사람이 있는 것 같지만, 이는 사실이 아니다. 단적으로 2023년 5월 기준으로 미국 연방 대법원장과 대법관 9명 중 8명은 하버드 로스쿨 혹은 예일 로스쿨 졸업생들이다. 반면, 학벌주의의 끝판왕으로 불리는 우리나라 법조계를 살펴보면, 대법관 및 대법원장 14명 중 서울대 출신이 8명, 고려대 출신이 2명이다.

미국은 성과주의 경향이 강하니 학벌에 상관없이 능력에 따라서만 공정하게 평가할 것 같지만, 그들의 능력주의에는 학벌이라는 기준이 포함된다. 거기에다가 사립대학교 등록금이 우리나라와는 비교도 할 수 없을 만큼 세다 보니, 교육과 불평등이라는 문제는 미국 사회에서도 단골로 등장하는 논쟁거리다. 최근 조지타운대 교육인력센터에서는 명문대 입학의 투자 수익률이라는 재미있는 자료를 내놓은 바 있는데, 매사추세츠 공대는 투자 대비 수익률이 1,000%가 넘었다.

애초에 학벌은 선발 과정의 경쟁, 더 좋은 교육, 더 나은 인적 네트워크와 연관될 수밖에 없으므로, 능력주의와 떨어뜨려 생각할 수 없다. 그러므로 시험 한 방 주의가 사라지더라도, 능력주의가 공고한 이상 학벌주의는 능력주의와 함께 살아남을 것이다.

　한편, 지금까지는 학벌이 무언가를 '보장'해 준다는 관념에 가까웠지만, 이제는 학벌이 무언가를 보장해 줄 수는 없어도, 여전히 학벌이 없는 사람들보다 더 나은 기회를 제공해 준다는 점에서 의의가 있다고 본다. 이는 바로 앞에서 이야기한 '경력직만 찾는 세상'에서 경력을 쌓을 데가 없는 웃지 못할 상황과 직접적인 관련이 있다. 다시 말해, 그러한 경력을 쌓을 기회, 관련 업계에서 전문 역량과 인지도를 쌓을 기회가 아무에게나 주어지지 않는 상황에서 학벌이나마 의지할 수 있다면, 그 자체로 큰 의미가 있다고 할 수 있는 것이다. 그렇다고 경쟁자들보다 조금이라도 더 좋은 학교, 입시 점수가 조금이라도 더 높은 학교를 졸업했다고 해서 기계적으로 줄을 세워 더 우월한 고지를 점한다는 의미로 받아들여서는 안 된다. 각자의 이기적인 동기에 의해 움직이는 프로의 세계에서 고작 입학 때 점수 몇 점 더 앞선 학교를 나왔다는 이야기로 설득을 해봐야 요즘 세상에서 통할 리도 없다.

　그럼 대체 학벌은 어디까지 중요하고, 얼마나 영향력이 있다는 것인가 하는 궁금증이 생긴다. 그 미묘한 지점을 파악하고,

줄타기를 하는 것 즉, 좋은 학벌을 얻는 것의 비용 편익을 분석해서 본인 상황에 맞는 해법을 찾는 것이 개인이 결단할 부분이다. 결국 스스로 파악해서 정해야 한다는 하나 마나 한 소리를 하는 것처럼 보이지만, 딱 잘라 이야기하는 것이 더 이상하다. 그도 그럴 것이 학과 전공의 경쟁력뿐만 아니라, 입학 이후 학교 간의 경쟁력 수준과 그를 평가하는 기업과 사회의 시각도 계속 변하므로, 시시각각 변화하는 상황에 맞춰서 사고하지 않으면, 적절한 해답을 도출해 낼 수 없기 때문이다.

그렇다면 나에게 애타게 해답을 갈구하는, 대학에 진학할지 말지 고민이라는 입시생에게는 어떤 대답을 해줘야 할까? 사실, "어차피 적당히 점수 맞춰서 가야하고, SKY 같은 명문대도 아닌데 대학에 가야 하나요?"라는 식의 질문은 정답 없는 물음인 것은 맞다. 그럼에도 불구하고 나는 그들에게 해주고 싶은 얘기가 있다. "대학 진학이라는 선택지를 생각해 보는 것도 학벌과 고등 교육이 당신의 미래 소득과 커리어에 어떤 영향을 미칠지를 고민하는 것인데, 당신의 학벌은 결국 능력주의라는 큰 사회적 기준의 일부로서 존재한다고 보아도 어폐가 없다. 그러니 능력만 입증할 수 있다면 꼭 대학을 진학하지 않아도 좋고, 능력을 입증하는 방법은 무궁무진할 것이다. 다만, 학벌 외에 다른 입증 방법이 무엇이 될지, 그것이 얼마나 어려울지는 치열한 고민이 필요하다. 그런 고민이나 구체적 대안 없이 아직까지도 우리 사회의 사고방식을 관통하는 능력주의에 함부로 도전하려는 것은 무모해 보인다."가 그것이다.

든든하게 보호하고
사회로 나가라

02

능력주의 세상에서 좋은 학벌이 있다면 얼마나 살기가 편할까?
내 경험상 그것이 없는 것보다는 훨씬 낫다. 그러나 능력주의는
학벌 외에도 다른 여러 능력과 성공의 징표를 요구하며, 지속적
인 검증을 시도하고, 특히 아직 큰 성공을 거두어 자리 잡았다고
보기 어려운 젊은이들에게는 의심의 눈초리를 절대 거두지 않
으므로, 학벌만으로 절대 모든 고민이 해결되지는 않는다.

사실, 누군가를 의심하고, 검증하고, 그 능력과 신뢰성을 입증
해 보이라고 요구하는 것은 능력주의만의 특성은 아니다. 이는
사람과 사람이 부대끼며 살아가는 사회에서 상호 간 피할 수 없
는 상호작용의 모습에 가깝다. 더욱이 자신의 이익을 추구하는

경제 주체라면, 내가 거래하는 상대방이 사기꾼은 아닌지, 약속은 지킬 것인지, 입으로 내뱉은 말을 실제로 해낼 능력이 있는지, 엉뚱한 짓을 하거나 사고를 쳐서 내가 피해를 보는 것은 아닌지 등 끊임없이 의심하는 건 자연스레 나타나는 습성이다.

내게도 그런 경험이 있다. 나는 학창 시절 당시 가장 경쟁이 치열했던 학과를 우수한 성적으로 들어가, 우수한 성적으로 졸업하고, 이것저것 내세울 만한 학업 성과를 바탕으로 학부 시절에 창업을 했다. 그러나 창업 후에는 소위 말하는 비즈니스의 세계에서 다양한 무시, 멸시, 모멸감을 수도 없이 받고, 느꼈다. 물론 지금에 와서 돌이켜보면, 그때 나를 의구심에 가득 찬 눈초리로 보고, 애송이 취급했던 사람들의 입장이 충분히 이해된다. 실제로 몰경험했고, 아는 것도 부족해, 그들의 언어와 비즈니스 문법조차도 좇아가지 못했기 때문이다. 냉혹한 사회에 나오기 전까지 좋은 학교에서 좋은 교육을 받았고, 남들보다 더 잘 배울 것이니 장래가 촉망된다는 막연한 기대가 있었지만, 그것만으로 이루어지는 일은 생각보다 많지 않았다.

그래서 이 글을 읽는 사회초년생이 있다면 반드시 당부하고 싶은 말이 있다. 장차 내 자녀에게도 해주고 싶은 이야기다. 바로 사회에서 만나 상호작용하는 상대방은 그것이 직장 상사이든, 동료이든, 거래처 사장이든, 기본적으로 철저히 자신의 이익을 고려한 입장에서 사회초년생들을 평가하고, 이용하고, 무언가를 요구한다.

만일 사회초년생과 함께 일하는 동업자나 동료의 입장이라면, 그들이 요구하는 능력을 갖추었다는 징표, 혹은 그 정도의 능력이 부족하다면, 그것을 채워줄 수 있는 든든한 뒷배경이나, 하다못해 자신들의 불만족을 보상해 줄 사회초년생의 굴종이나 복종, 유순함을 바랄 것이다. 혹 거래의 상대방이라면 사회초년생이 사기꾼이 아니라는 것을 보여줄 집안의 재력이나, 책임을 져줄 의지할 만한 후견인의 존재나, 혹은 이용하기 좋은 상대방이 되어주기를 기대하기도 한다.

이제 막 사회에 진출해 직업 세계에서 새로운 무언가를 배워나가고, 역량을 키우는 데에 시간이 필요한 사회초년생 입장에서 알게 모르게 이루어지는 이런 상대방의 시도는 때로는 당황스럽고, 때로는 불쾌하며, 때로는 견디기 어려울 만큼 수치스러울 수 있다. 예컨대, 나는 20대 중반에 미팅 상대방이 동석한 동료에게 내 면전에서 "애 좀 가르쳐서 보내라."고 하는 소리를 듣기도 했고, 이곳에 다 담을 수는 없지만 그보다 더한 일도 많이 겪었다. 나는 그나마 늘 사장으로만 일한 입장이었지만, 상급자를 모셔야 하는 사회초년생이 겪을 수모를 생각해 보면, 이것은 오히려 양반이 아닐까 하는 생각도 든다.

그러나 대부분의 사회초년생은 자신이 겪을 일에 대해 전혀 예견하지 못한 채로 사회에 나오지 않을까 한다. 그리고 자신이 상상했던 것보다 더 차가운 대접에 당황하고, 상처받는다. 마치 영하의 칼바람을 맞았을 때 피부가 아린 것처럼 아플 수 있다. 이것이 든든하게 자신을 보호하고 준비를 갖춰 사회에 나와야 할 이유다.

내가 너무 세상을 염세적으로만 보는 것처럼 느낄 수도 있겠지만, 고백하자면 나는 학창 시절에는 비관과 염세에 찌들어 있었으나, 나이가 들면서 긍정과 낙관, 여유를 찾은 케이스다. 그러나 내가 여유가 있고, 낙관적이라고 하여, 현실이 그렇게 바뀌는 것은 아니기에, 독자들에게 내가 느낀 그대로를 전달하고자 이야기를 마저 이어가 본다.

사회인으로서 처음 발을 내딛고 나면, 사회에서 마주치는 사람 중에는 먹고사는 문제에 몰입해, 당신을 착취하려고 혈안이 된 괴물이 있을 수도 있고, 자신의 열등감을 감추기 위한 방편으로 자기보다 약해 보이는 사람에게 모멸감을 주는 정신병자도 있을 수 있으며, 같은 편인 척 살랑대다가 결정적인 순간에 배신하려고 작정을 한 비열한 악당도 있을 수 있다. 당연히 이들을 만나고 싶지 않겠지만, 안타깝게도 이런 종자들과 만나게 될 가능성이 아주 높고, 이 글을 읽는 사회초년생 중 일부는 그들 중 한 명이 될 수도 있다.

그렇다고 해서 세상 사는 것이 지옥같이 힘들기만 하고, 하루하루를 괴로움에 신음하면서 보내야 하는 것은 아니다. 그렇지만 사회초년생들에게 사고처럼 다가올 수 있는 일련의 추악한 일들에 대비해 스스로를 보호할 준비는 되어 있어야 한다.

행복을 지키는 방법 중 하나는 불행이 커지지 않도록 잘 대처하는 것이다. 장담컨대 당신이 사회초년생이라면, 안타깝지만 아주 높은 확률로 당신은 괴물과 마주칠 것이다. 그러하기에 괴물들의 습격으로부터 자신을 보호하기 위한 마음가짐을 갖고, 그 방편도 잘 마련해 놓는 것이 상책이다.

멘탈을 지키려면
변해야 한다

대학생 시절부터 늘 과외와 알바를 하며 학업을 수행했지만, 본격적으로 회사를 만들어 일을 한 지가 어언 9년 차가 되었다. 허송세월한 기간이 상당히 길었던 것 같기도 한데, 그사이에 많은 일이 있었고, 물렁했던 사회초년생이 아저씨가 되어가는 과정에서 일어난 변화도 정말 많았다.

먼저 사람을 잘 믿지 않게 되었다. 너무 많은 사기꾼을 만났고, 내 편이라고 믿었던 사람들에게 배신을 당했기 때문이다. 그중에는 형사 처벌을 받은 사기꾼도 있고, 마음을 비우면 대수롭지 않게 생각되는 하잘것없는 배신도 있으며, 꽤 마음고생했던 결정적인 배반도 있었다. 멀쩡했던 사람이 변해가는 것을 보기도 했고, 인간적으로 열과 성을 다해 신뢰를 주었던 사람이 결국 이를 저버리는 광경도 목격했다. 그렇게 학습한 결과, 일단 쉽게 믿는 것 자체가 오판이었던 경우가 상당히 많았다. 이에 따라 또 믿고, 또 속으면, 내 잘못일 뿐이니, 되도록 잘 믿지 않는 것이 좋은 방편이 된다. 다만 그럼에도 불구하고 여전히 신뢰를 먼저 주고, 그 후에 신뢰가 깨지면 돌아서는 편이다. 나의 이런 성정은 생존에 별로 유리하지 못하다는 생각이 들지만, 변하는 것도 한계가 있나 보다.

　두 번째로 교류하는 상대방이 내 호의에 보답할 것이라는 기대를 하지 않게 되었다. 기대가 크면 실망도 큰 법이고, 굳이 크게 기대했다가 실망할 이유가 마땅히 있지도 않아서, 사회에서 교류하는 상대방이 내 호의와 기대에 부응할 것이라는 기대가 극히 낮아졌다. 이렇게 동료, 직원, 거래처를 비롯해 상호작용하는 상대방에게 큰 기대를 하지 않다 보니, 기대를 넘어서면 선물을 받은 것 같아 기쁘지만 기대치가 낮으니 실망할 일도 적어서, 어느 방향이든 더 좋다. 그에 따라 나 스스로가 자연스럽게 불필요한 호의를 베푸는 일도 적어지고 있다. 그래서 자연스럽게 점점 더 사무적인 관계가 익숙해지게 되었다.

　그다음으로는 내가 책임져야 할 친지와 비즈니스의 상대방을 명확히 구분하게 되었다. 내가 진정으로 위해 줄 내 가족과 친구는 친밀한 관계의 대상으로서 조건 없이 챙겨 줄 수 있지만, 모든 비즈니스 상대방이 나의 친구가 될 수는 없고, 그렇게 될 필요도 없다는 것을 인정하고, 그에 맞추어 행동하게 되었다. 모든 사람에게 친절하고, 모든 사람에게 호의를 베풀고자 했던 오랜 습관을 서서히 지워가게 되었고, 여전히 노력 중이다. 이렇게 관점을 바꾸어서 바라보니, 나의 밋밋한 기준과는 다르게 철저히 이기적이었던 상대방의 눈높이를 이해하게 되었다.

마지막으로는 조금 더 나의 이익을 챙기는 사람이 되었다. 이기적으로 변했다는 의미이기도 한데, 전혀 나쁜 변화라고 느껴지지 않는다. 너무 과도하게 상대방의 입장을 생각하고, 하지 않아도 될 걱정을 달고 사는 습관을 버림으로써, 더 나은 삶을 살게 되었을 뿐이다. 다시 말해, 각자 자신의 입장에서 최선의 이익을 주장하고 그 균형에 따라 돌아가는 세상에서, 마땅히 지킬 규칙과 상호 간 예의를 지키는 것 외에 너무 많은 입장을 고려하고 배려하려는 주제넘은 생각을 자제하려고 노력하게 되었다. 우습게도 아직도 남 눈치를 많이 보고, 내 행동이 불쾌감을 주는 것이 아닌지 습관처럼 걱정하곤 하지만, 남을 대신해 싸우는 변호사라는 자격사가 된 만큼 이익이 대립하는 상대방에 대해서는 필요한 경우 맹렬한 공격을 퍼부을 수 있는 몸과 마음의 준비를 갖추게 되기도 했다.

　내면의 변화를 슬며시 고백하는 이유는, 아마도 이러한 방향의 변화가 대부분의 사회초년생이 겪게 될 상황이고, 한때 유순했으나 삶의 풍파를 맞아 억세진 어른들이 겪은 일이라고 생각해서다. 개인마다 차이는 있을 터이니 아주 똑같을 것이라고는 말 못하겠지만, 자신의 이익에 맞추어 행동하는 여러 사람과 부대끼며 학습하지 않으면, 결국 이용당하고, 착취당하기 십상인 험한 세상에서 자연스럽게 맞이하게 되는 변화의 일부라고 본다.

　이런 변화들은 내가 사회초년생으로서 마주한 많은 사람으로부터 느꼈던 의문점과도 관련되어 있다. '대체 내가 마주한 이 사람은 나의 말을 왜 전혀 믿어주지 않는 것이며, 왜 내가 거짓말을 하고 있을 것이라고 으레 가정하는 것일까?'라는 의문에 대한 해답은 실제로 그만큼 거짓말하는 사람과 사기꾼이 숱하게 많기 때문이었고, '내가 베푸는 호의와 친절에 크게 반응하지 않고, 딱히 고마워하지도 않는 사람들은 대체 왜 그럴까?'라는 의문에는 애초에 대부분의 사람은 호의에 보답한다는 생각 자체를 잘 안 한다는 해답을 얻게 되었다. 이로써 내 기대치만 낮추면 되는 것으로 정리되어 마음이 편해졌다. 또 '왜 내가 조건 없이 도와주려던 사람 중 상당수가 나를 이용해 먹으려고

만 하는 걸까?'라는 해묵은 의문에 대해서는, 그들이 나를 친구가 아닌 돈벌이 상대로 본다는 인식을 명확히 하니 정리가 되었다. 마지막으로 '공동체를 위한 것, 공동의 이익을 위한 것, 이해상충이 없는 것이 분명 제일 좋아 보이는데도, 함께 공동의 이익을 위한다고 생각했던 이들이 뒤돌아섰던 이유'를 떠올려 보니, 그들은 기약 없는 공동의 이익보다는 철저히 자신의 이익에 충실하기를 선택했다는 걸 깨달았다. 이로써 그들에 대한 나의 기대가 배부른 아마추어리즘의 극치였다는 것을 뒤늦게 알아차렸고, 같은 실수를 가급적 다시 하지 않도록 노력하게 되었다.

혹 멀쩡한 물건을 환불해 달라거나, 교환해달라고 억지를 부리는 사람을 본 적이 있는가? 원래는 안 되는데 되게 해달라고 떼를 쓰는 사람은? 그들이 그러한 행동을 하는 이유는 '그렇게 하면 먹힌다.'는 걸 경험으로 터득해 알고 있어서다. 나의 변화역시 이처럼 경험을 통해 배운 것에 지나지 않는다. 비록 나는 억지로 교환 반품 해달라거나, 안 되는 걸 해달라고 떼쓰는 짓은 절대 하지 않으려고 하지만, 삶에 찌들어 억지 부리는 게 버릇된 떼쟁이들이 그렇게 변해가는 것처럼 나도 먹고사는 문제에 찌들다 보니, 억세진 부분이 없지 않다. 그리고 이런 변화는 하루하루 치열하게 살아가는 모두에게 닥칠 수밖에 없는 변화가 아닐까 싶다. 생존의 문제가 달린 먹고사니즘 앞에서 그 누구도 자유로울 수는 없다.

한편, 나는 누구에게나 친절하고, 이타적이며, 너그럽고 호의를 베풀 아량이 있으면서도, 돈은 많이 버는 사람이 되고 싶었다. 그것이 허황된 욕심에 가까운 생각이었음을 깨닫는 데에는 10년이 채 걸리지 않았다. 애초에 어려운 일인 데다가, 굳이 반드시 그래야 할 이유가 있지도 않은 일이었다.

불필요한 인간관계에
힘 빼지 마라

어린 시절 사귀는 친구들은 우연히 만나 자연스럽게 인간관계를 형성하게 되고, 부지불식간에 친밀해져서 삶의 일부가 되는 경우가 많다. 어디에 살고, 어떤 학교에 다닐지부터 스스로 결정하는 것이 아니라 부모의 결정에 영향을 받으므로, 어떻게 보면 어린 시절의 교우 관계는 가족 관계만큼은 아니더라도 어느 정도 그냥 주어지는 성격이 있는 셈이다.

교우 관계 형성에 있어서 학창 시절을 거쳐 성인이 되면, 비로소 훨씬 더 큰 자율성을 갖게 된다. 가령, 대학교에 진학하면, 어떤 수업을 들을지부터 스스로 선택하므로 누군가와 반강제로 같은 수업을 하루 종일 들을 일도 없고, 누구를 사귀고, 누구와 교류할지는 전적으로 개인의 선택에 의해 결정된다. 다만, 속해 있는 사회적 집단의 압력으로부터는 자유로울 수 없고, 학창 시절에 형성해 놓은 교우 관계의 연장선상에서 인간관계를 지속하는 경우가 많다 보니, 이러한 자율성이 그야말로 무한한 자유로서 주어지는 경우는 많지 않아 보인다.

그리고 사회에 나와 직업인으로 살아가게 되면, 그때부터는 누구와 친밀하게 교류하며 친구가 될지, 누구와 자주 소통하며 비즈니스 파트너가 될지는 더더욱 제한 없는 자율성이 주어진다. 직장에 다니면 직장 동료나 상사와 온종일 교류하게 되지만, 직장을 다닐지 말지부터가 전적으로 개인의 선택 사항이라서 누구와 새롭게 교우 관계를 형성할지, 혹은 누군가와 인간관계를 단절할지는 개인의 결단에 따라 현격히 달라진다. 그래서인지 학창 시절의 교우들과 더 친밀한 관계가 될지, 다른 인간관계에 집중하고, 오랜 친구들과는 희미한 연락만을 주고받을지도 사람마다 많은 차이가 생겨난다.

그저 물 흐르듯 자연스럽게 사는 것이 좋다는 애늙은이 같은 생각을 하던 내가 가장 크게 간과하고 있었던 부분이 바로 이 인간관계의 자율성이 아닌가 싶다. 내가 누구와 친구를 하고, 누구와 시간을 보내며 친밀감을 형성할지는 조심스럽게 정해야 한다는 깨달음인데, 이는 사회초년생으로서 누구나 자연스럽게 겪을 변화라고까지는 생각지 않는다. 개중에는 "저런 애들과는 어울리지 마."라며 나의 뺨을 때린 학창 시절 담임 선생님에게 괄괄하게 반항했던 과거의 나처럼, "사람 가려가면서 만나라."는 취지의 얘기에 손사래를 치는 사람들도 있을 것이다. 또 생계의 현장에서 마주치는 작위적인 인연에 질려, 자연스럽게 만들어지는 우정과 인간적 유대를 그리워하는 사람도 얼마든지 있을 수 있다고 생각한다.

그러나 나의 개인적 경험에 의하면, 자연스러운 인연이 귀한 인연이 되고 좋은 인간관계가 될 가능성이 있다 하여, 그것이 자연스러운 만남이라는 이유만으로 좋은 만남의 징표가 될 수는 없었다. 결국 이유가 있어 만난 사람이든, 우연히 마주쳐 인연이 된 인간관계이든, 어떻게 만났느냐보다는 나에게 어떤 영향을 주고, 어떤 이야기와 삶을 공유할 수 있는 사람이냐가 중요하다는 이야기다.

이런 생각을 가지게 된 계기 중 하나를 공유해 본다. 20대 중반 무렵, 동네의 자주 가던 호프집에서 혼자 맥주를 마시다가 알게 된 아저씨가 있었다. 그는 명문대 의대를 졸업했지만, 집안 사업을 물려받기 위해 의사가 되기를 포기했다고 했는데, 키도

흰칠하고, 인물도 좋았으며, 매너도 나쁘지 않은 중년의 신사였다. 그리고 초등학생 자녀들이 있다고 했고, 부인은 인근 학교에서 교사를 하고 있다고 했다.

그렇게 이런저런 대화를 나누며, 맥주를 같이 마시다 보니, 금방 가까워져 술친구가 되었다. 그 후로도 이따금 만나 같이 맥주를 마시곤 했는데, 그 과정에서 술에 취해 나오는 특별한 인연이될 것 같다는 실없는 소리부터, 의사가 되지 않아 후회스럽다느니, 아버지 사업을 물려받았는데 사업 부진이 계속됐다느니, 접대부가 나오는 술집에 가는 걸 즐긴다느니, 별로 듣고 싶지 않은 이야기까지 듣게 되었다. 어디 그뿐인가. 어느 날엔 그의 아내가 화난 얼굴로 찾아왔는데, 그 와중에 나를 소개해 준다기에 멋쩍게 꾸벅 인사를 하기도 했다.

그러고도 몇 번 맥주잔을 같이 기울이다가, 이 사람이 내가 처음 봤을 때 생각했던 그 신사가 아니라 허구한 날 술 먹고, 허튼 데 돈을 쓰는 아저씨임을 알고 나니, 이 사람과의 만남을 어떻게 해야 할지 고민되었다. 더욱이 내게 종종 전화해 나에 대한 믿음과 진실된 우정을 표현해서 매정하게 끊어내기가 참 곤란했다. 그러던 차에 하루는 그가 심각한 목소리로 고민이 있으니 술을 한잔 사달라는 부탁을 했다. 나이 50이 넘은 양반이 20대 대학생에게 술을 사달라는 것도 민망한 상황인데, 큰일이 났다고 보채니 가서 얘기는 들어보자는 생각으로 발걸음을 옮겼다.

그가 말한 큰일의 내막은 이러했다. 자신이 오래전부터 접대부가 나오는 술집을 자주 다녔는데, 돈이 없으면 그만 가야 했지만 참지 못하고 외상으로 술집을 다녔고, 심지어는 여기저기 돈을 빌려서 다니다가 그 돈을 갚지 못해 집에까지 그 사실이 알려지게 되었다는 것이다. 이에 부인은 노발대발하며 이혼하자고 하고, 자신은 집에서 쫓겨나 돈도 없고 갈 곳도 없으니 오늘은 술을 한잔 사달라고 했다. 그러고는 잠잘 곳이 없어서 찜질방에서 잔다며 가버렸는데, 당시 내가 찜질방 비용을 줘서 보냈는지는 기억이 가물가물하다.

그날 이후로 아저씨는 그 호프집에 다시는 나타나지 않았는데, 알고 보니 계속 외상으로 술을 마시다가 부인이 외상값을 갚아줬고, 더는 외상이 안 된다고 하니 안 오는 것이었다. 너무 한심한 일이라, 그에게서 몇 번의 연락이 더 오긴 했지만 받지 않았고, 다시는 얼굴을 볼 일도 없었다.

아무리 생각해도 그 아저씨와의 인연은 정말 내 인생에서 아무짝에도 쓸모없는 낭비된 시간이었다. 대부분의 시간을 그의

하소연을 들어주는 데 보냈고, 그다지 즐거운 대화를 나눈 것도
아니었으며, 내가 좋아하는 주제에 관해 이야기한 적도 없었고,
그로부터 배울 점이라곤 '저렇게 되지 말아야겠다.'라는 것 외에
는 눈곱만큼도 없었기 때문이다. 다만, 어차피 그렇게 헤어질 인
연이었는데, 혼자서 맺고 끊는 것을 잘하지 못해서 어영부영 시
간을 보낸 나 스스로가 얼마나 멍청하고, 우유부단한지를 깨닫
는 기회가 되기는 했다.

　이 외에도 사람을 못 끊어내서 시간과 에너지를 낭비한 경험
이 적지 않은데, 아직도 매몰차게 거절하거나 냉정하게 사람을
대하는 것에 본능적인 거부감을 느끼다 보니 어려움을 겪는 부
분이기도 하다. 그렇지만 분명히 깨달은 점은, 그렇게 헤어진 형
편없는 인연들은 내 인생에 전혀 도움이 되지 않았고, 재미도 없
었으며, 이 책에 후회한다고 쓰는 것 외에는 어떠한 의미도 남지
않았다는 거다.

　이후에도 '혹시나' 했다가 '역시나'라는 생각으로 인간관계를
정리한 적이 없진 않았는데, 인간관계에 있어서 선입견과 편견
이 강해지는 것 같다는 생각이 들면서도, 차라리 선입견이 있는
것이 이상한 사람들과 만나 시간 낭비하는 것보다는 훨씬 낫다
는 강한 확신을 갖게 하는 일련의 경험이었다. 그러다 보니 점점

더 이른바 '손절'하게 되는 역치도 낮아지고, 내 기준에 따라 자신 있게 정리할 사람은 정리할 수 있었으며, 내가 존경하고 사랑해 마지않는 사람들에게는 더 정성을 다해 시간을 할애할 기회를 얻게 되었다. 인간미가 떨어져 보인다면 어쩔 수 없지만, 결국 스스로 돌이켜보면 더 나은 결과를 가져온 셈이다.

내가 누구와 어울리고, 누구와 친구가 되며, 친구 사이가 아닌 비즈니스 관계일지언정 누구와 시간을 보내고, 어떤 관계를 만들어 갈지는 전적으로 내가 정하는 것임에도 불구하고, 주체적으로 내가 결정하지 않고 술에 물을 탄 듯 어영부영 수동적으로 받아들인 결과는 '굳이 만나지 않아도 되었던 사람들과의 낭비된 시간'이었다. 마침내 헤어질 사람이라도, 그와 교류한 시간이 의미 있거나, 나의 성장에 도움이 되거나, 하다못해 재미라도 있었다면, 어떤 가치라도 부여할 텐데, 이도 저도 아니고 시간만 썼다는 자괴감이 든다면, 그것은 분명 나의 실수이자 과오다.

사람을 사귀는 데에도 이런 생각까지 하면서 만나는 것이 속물적이라고 손가락질 받을지언정, '잘나가는 사람들과 사귀고, 그들 사이에 껴서 으스대고 싶다.'거나 '친구 잘 둬서 덕 좀 보자.'는 등의 생각과는 궤가 다르다. 적어도 내 기준에서 보았을 때 좋은 사람이거나, 함께하면 즐겁거나, 배울 점이 있다거나,

하다못해 실리적인 이익이 있는 등 같이 시간을 보내는 의미가 있어야 하는데, 원래 알던 사람이라는 이유로, 혹은 새로 알게 된 사람이라는 이유로 의미 없는 시간을 보내기에는 이미 내가 지켜야 할 가족과 친구, 동료들에게 쓸 시간조차도 부족하다.

한편, 마침내 나도 내 자녀에게 "나쁜 친구들이랑 어울리지 말라."라고 잔소리할 아저씨가 되었다. 그 가운데 '끼리끼리 논다.'라는 말의 무서움을 근래 몇 년간 부쩍 느낀다. 거짓말쟁이와 어울리는 사람 곁에는 거짓말쟁이가 득시글하며, 사기꾼 친구들은 서로에게 사기를 치고, 그들이 소개하는 사람들은 거의 그들과 비슷하거나, 그들만의 눈높이에서 세상을 보는 사람이 많다. 물론 전부 다 그런 것은 아니지만, 평소라면 한 명도 보기 힘든 내 기준에서는 이해할 수 없는 사람들이 꾸러미로 등장하는 이런 만남에서는 의미 있는 무언가를 만들어 내려야 만들 수가 없다.

모든 사람이 나와 같은 생각을 하는 것은 아니겠지만, 아마도 나와 같은 기준을 가진 사람들은 누구를 새로 만나고, 기존에 알고 있던 누군가와 얼마나 시간을 보낼지에 대해서 한번 더 진지하게 고민하지 않을까? 그렇게 좋은 만남에 대해 진지하게 고민하고, 관계에 대해 고민하는 사람 곁에는, 조금 깍쟁이 같아 보일지라도, 결국 더 매끄럽고 유익한 인간관계가 형성된다고 믿는다. 더불어 스스로부터가 볼 필요도 없는 쭉정이가 아니라, 의미 있는 만남의 상대가 되기 위해서 나 역시도 노력해야 한다.

옛말에 끼리끼리 논다는데, 나도 좋은 끼리가 되기 위해서는 내 주변에 어떤 이들이 있는지, 내가 내 주변에 어떤 도움을 주고, 어떤 인연이 되어주고 있는지를 냉철히 돌아보고 더 나은 사람이 되어야 하지 않을까? 이것이 인생을 소모하는 인간관계에 단 1초도 더 낭비할 여유가 없는 까닭이다.

개인주의적 성향과 사회성 결여를 혼동하지 마라

인간관계에 대한 이야기가 나와서 말인데, 나는 개인주의적인 사람이다. 집단으로 우르르 몰려서 하는 것을 좋아하지 않는다. 회식도 싫어하고, 워크숍이라면 질색이다. 개인의 자유와 자율을 보장해 줄 때 가장 좋은 결과가 나온다고 믿는 사람이기도 하다. 이에 따라 혼자 일하는 것을 즐기고, 학생 때 조별 과제를 하라고 하면, 혼자서 다 맡아서 하는 게 편한 스타일이기도 했다. 최근 MZ세대 특징을 두고 이러쿵저러쿵 얘기하는 것이 유행이라는데, 그중 개인주의적 성향이라면 오래전부터 온몸으로 실천해 온 사람에 가깝다.

그런데 젊은 꼰대로서 괜히 한번 지적하고 싶었던 점은 개인주의적 성향과 사회성이 저질인 것을 동일한 개념으로 착각하는 사람이 많은 것 같다는 부분이다. 누구든 혼자 밥 먹는 것을 좋아하고, 회식을 싫어할 수 있다. 이때 본인이 회식을 가지 않는 이유를 다른 사람들에게 거부감 없이 납득시키는 일은 사회성의 영역이다. 본인이 회식을 싫어한다고 남들도 회식을 싫어해야 한다는 이상한 결론을 내거나, 불필요하게 회식하고 싶은 사람들의 기분을 상하게 만드는 것은 개인주의가 아니라 그저 사회성이 부족하고, 개념이 없는 것에 가깝다. 다시 말해 개인주의란 개인의 영역을 분명히 하는 만큼 남의 영역도 지켜주려고 노력해야 욕을 먹지 않는데, 괜히 자기주장 관철한답시고 유세 부리는 순간, 다른 사람을 괴롭게 하는 '고문관'이 되고 만다.

최근 주목받는 MZ세대의 특징과 관련해 개인적으로 흥미진진하게 관전하고 있는 포인트는, 꼰대들의 부조리한 권위 의식 및 관습의 강요와 MZ세대의 개인주의를 빙자한 사회성 결여가 대치하며 만들어 내는 갈등 양상이다. 사회적 비난이 무서워 대부분 숨죽이고 있는 꼰대들의 감출 수 없는 꼰대 본능은 전설처럼 남아 MZ세대 행동의 당위를 제공해 주고, 굳이 MZ세대가 아니더라도 개념 없다는 얘기를 들을 법한 사회성 결여자들이 MZ라는 이름만 빌려 기행을 일삼는 묘한 상황이 벌어지기도 하는데, 사실 세대 구분보다는 정상과 비정상을 구분하는 데에 힘을 더 쏟아야 하는 게 아닌가 하는 생각마저 하게 한다.

　나도 사용자로서 근로자들과 고용관계를 형성하며 극히 일부 근로자들로부터 겪은 황당한 일이 제법 있는데, 나와 일했던 직원은 대부분 젊다 보니, 요즘 말하는 MZ세대라고 할 수 있겠다. 그중 가장 기억에 남는 두 사례를 꼽자면, 첫 번째는 어느 날 고향에서 기르던 강아지가 무지개다리를 건넜다고 무단으로 조퇴하더니, 그다음 날 장례를 잘 치러 익일 출근하겠다고 했으나 말도 없이 계속해서 결근한 직원이다. 이 직원은 무단으로 결근을 계속하다가, 인사 담당자의 거듭된 연락에 회사 출입카드도 반납 안 한 채로 대뜸 그만두겠다고 하더니, 그만둔 다음 날 오전에 그동안 출근했던 일수만큼 급여를 지급해달라고 나에게 스팸처럼 계속해서 문자를 보내는 기행을 보여주었다. 여기에 "중도 퇴사 시 근로계약서에서 별도로 정한 날에 급여를 지급하니, 계약서 다시 읽어보고, 회사에서 가져간 출입증 등을 반납 안 하면 형사 고소하겠다."고 답장하니, 그제야 홀연히 나타나 사무실에 출입카드만 남겨놓고 자기 짐을 쏙 챙겨나가고, 스팸 같은 문자도 그 후에야 멈춘 대단한 인물이었다. 두 번째는 회사 명의로 차량 공유 서비스를 이용 중이었는데, 개인 드라이브에 공유 차량을 수십 차례 사용하여 회사 재원을 100만 원 이상 유용한 직원이다. 업무상 배임죄로 형사 조치를 해야겠느냐고 물으니, 알아서 배상하고 퇴사하겠다는 의사를 밝혀 깔끔히 정리했다.

　나는 이들이 MZ세대라서 그런 행동을 했다고 생각하지는 않는다. 그냥 회사에서 받아주기에는 너무 기괴한 일을 저지르는 사람들이었을 뿐이다.

　나는 개인주의 성향의 행동도 사회적 맥락에서 자연스러운 행동의 하나로 받아들여지고, 그에 대한 압제와 강요가 오히려 '꼰대', '부조리' 등으로 불리며 지탄받는 근래의 세태가 사회문화적 유연성의 제고와 합리적인 방향으로의 사회 발전을 반영하는 변화라고 믿는다.

　부디 남들이 다 하는 대로, 소속집단이 으레 그러자는 대로 따르지 않더라도 이상할 것이 전혀 없는 사회적 분위기로 정착해 나가길 바라고, 더 나아가 누구든지 자기 생각과 속마음을 자유롭게 표현할 수 있는 자유와 권리에 대해 사회적 공감대가 더 강해졌으면 한다. 이는 세대를 막론한 자유와 이성의 문제로 보인다.

　그러나 이러한 변화의 가운데서 자신의 미숙함이나 사회성의 부족으로 일어나는 일련의 문제를 마냥 자유의 탄압과 유연성의 부족 탓으로 돌리기 쉬워졌다는 것은 사실 무시무시한 일이다. 꼰대들의 시대였던 과거와는 달리 이제는 선뜻 누군가가 그것이 잘못되었다고 지적해 주기 어렵게 되었기 때문이다. 즉, 꼰대처럼 '고쳐주려는' 시도를 아무도 하지 않으니, 거리낄 것 없는 자칭 '개인주의자', 남들이 보기에는 '민폐 유발 사회성 결여자'는 자신만의 생각에 갇혀 온갖 기회로부터 멀어지고, 영문도 모른 채로 사회적으로 고립되기 쉬워졌다.

이렇게 이야기 해놓고 보니 스스로가 정말 꼰대 같은데, 사실이다. 나는 진정한 MZ세대의 꼰대로서 좀처럼 상대방의 행동을 지적하거나, 고치려고 하지 않는다. 그저 그들과 이별하고, 다시는 만나지 않도록 최선의 노력을 할 뿐이다. 차라리 자신이 가르치고, 고쳐주겠다는 건방진 시도라도 하는 전통적인 꼰대가 인간적이지 않은가? 이렇게 보면, 겉으로 잔소리 몇 마디 덜 듣는다고 하여 월등히 좋아질 것도 딱히 없다. 여전히 세상이 나를 평가하는 기준은 냉정하고, 더불어 살려는 노력이 없으면, 여전히 삶은 곤란해진다.

굳이 모든 말을 할 필요는 없다

조금 전 누구든지 자기 생각과 속마음을 자유롭게 표현할 수 있는 자유와 권리에 대해 사회적 공감대가 더 강해졌으면 한다고 고백했다. 그러나 성별 갈등 문제에 있어서 우리 사회에 그런 자유와 공감대가 존재하는지는 의문이다.

무슨 이야기를 하든 많은 사람이 화를 낸다. 괜히 얘기 한마디 잘못 했다가 화풀이를 당할 수도 있다는 공포감마저 있다. 이러면 아무리 깊은 고민을 하더라도 어떤 얘기도 하기가 어렵다.

그래서 이 주제에 대해서는 언급을 포기한다. 아무것도 안 쓸거면서 왜 굳이 구겨 넣었느냐고 할 수도 있겠지만, 할 말이 있어도 할 수가 없어 비워두는 이 공간의 여백이 담고 있는 함의가 크다고 믿는다.

불편한 감정을
그대로 수용하라

성별 갈등 말고도 언급이 꺼려지는 주제는 무척 많다. 정치적으로 첨예하게 대립하는 주제나, 특정 집단을 자극할 수 있는 주제에 대해서는 어떤 말을 하든, 안 하느니만 못하다고 생각하게 되는데, 이는 무심코 던진 한마디가 촉발할 수도 있는 뜨거운 분노를 감당하기가 어려워서다.

표현의 자유란 인간의 본원적인 권리에 가깝고, 우리 제도의 근간을 이루는 자유이기도 하다. 그러나 그 자유를 헌법이나 법률에 보장해 놓는다고 해도, 그것을 바라보는 사람들의 시각이 어떠하냐에 따라 이를 둘러싸고 벌어지는 정서적 반응은 사회마다 많이 다른 듯하다.

내가 느끼기에는 아직도 우리 사회에는 오가는 의견과 표현이 상대에게 불쾌함, 불편감을 주지 않도록 각별히 조심해야 한다는 암묵적인 사회적 규칙이 작동하고 있고, 이를 어기는 자에게 도덕적 비난을 비롯한 실질적 불이익을 주는 것에 거부감이 없어 보인다.

문제는 자신이 동의하지 않는 견해를 듣고 불쾌감이나 불편감을 느꼈다는 이유만으로 이것이 비난받아야 마땅하다는 감정을 표출하는 경우가 많다는 것이다. 경직된 사회 분위기가 수십 년 전과 비교해 많이 나아졌는데도 불구하고, 첨예하게 대립하는 정치적 주제나 기타 이해관계의 대립이 있는 소재에 관해서는 쉽게 분노하고 비난하는 경향이 갈수록 심해지면 심해졌지, 나아질 기미가 보이지 않는다. 간단히 말해서, 사람들은 점점 더 화가 난 상태가 되어가는 것 같다.

왜 이렇게 사람들이 화가 나 있을까? 굳이 화를 낼 필요가 없어 보이는 주제에 대해서도 열을 올리고, 분노를 표출하는 이유가 무엇일까? 다양한 이유가 있겠지만, 근원적으로는 많은 사람이 자기 삶에서 불행을 느끼고 있고, 그런 삶에 대해 짜증이 나 있기 때문이 아닌가 싶다. 단적으로 나만 해도 일이 잘 안 풀리면 어디든 짜증을 내고 싶고, 괜히 다른 사람을 탓하면서 화를 내고 싶은데, 불만을 느끼는 사람이 많으면 많을수록 같은 주제라도 서로 이해하기보다는 남을 탓하고, 분노하기 쉬워진다는 것은 당연한 일이다.

이 또한 꼰대 같은 생각이겠지만, 객관적으로 삶의 여건은 훨씬 나아졌는데, 어째서 불만은 더 많아졌는지 의문을 가지지 않을 수 없다. 집안일을 간편하게 해주는 가전기기의 도움을 받을 때, 대충 아무거나 집어 먹어도 맛이 좋은 편의점 음식을 먹을 때, 예전에는 자주 하지 못했던 외식을 더 간편하고 합리적인 가격에 즐길 수 있을 때 등 나는 불과 30년도 안 되는 세월 동안 삶의 여건이 엄청나게 개선되었음을 실감한다. 이는 나의 개인적인 생활 여건의 변화일 뿐만 아니라, 사회 전체를 관통하는 기술과 생활 수준의 발전을 반영한 것이다. 그런데도 국민의 행복도는 나아지기는커녕 오히려 퇴보하고 있고, 자살률은 고공행진하고 있으며, 청년층은 불안과 불행감에 좌절하고 있다.

왜 삶은 나아졌는데 사람들은 더 불행해졌을까? 사실상 삶이 나아지지 않았다고 주장한다면, 그건 거짓말이라고 본다. 그러나 우리 삶의 만족도란 결국 객관적인 삶의 여건만이 문제 되는 것이 아니라, 다른 사람과의 비교를 통해서 확인되는 자신의 상대적 지위와 위치에 의해 영향을 받는데, 대도시에 옹기종기 모여 살며, 다른 사람의 삶을 목격할 수밖에 없는 우리에게 비교하는 삶은 피할 수 없는 숙명과도 같다.

혹자는 비교를 좋아하는 한국의 민족성과 문화와 사회적 분위기가 이러한 불행의 원인이라고 잘라 말하지만, 실체도 불분명한 민족성 따위의 특질만 가지고서 이런 현상을 진단한다는 것은 너무 게으른 해법이다. 다만, 반나절이면 국토 어디든 갈 수 있는 나라에서 비슷한 현대적 도시의 삶 양식을 공유하는 사람들끼리 서로의 삶을 견주어 보고, 비교하지 않을 것을 기대하기는 어려운 일이라는 생각이 든다. '그들의 삶은 그들의 삶, 나의 삶은 나의 삶'이라고 의젓한 결론을 내고, 정신적인 기준을 굳게 잡는 것은, 그 안에서 휩쓸리지 않기 위해 개인적으로 노력한 결과일 수는 있어도, 애초에 타인과 비교하며, 더 나은 삶을 갈구하는 것이 진화의 과정에서 우리 인류가 생존하기 위해 남겨놓은 유전적 특질인 이상, 이를 완벽히 극복하기란 어려워 보인다.

비교를 하지 않고 자기 삶을 살면 불행할 일도 적고, 불행하지 않으면 화날 일도 적은데, 비교하는 것이 지극히 자연스럽고 본능적인 일이라면 대체 어떻게 해야 하는 걸까? 솔직히 비교하는 습성을 극복하는 일은 나 역시도 항상 연습하고 있지만, 해도 해도 부족하고, 좀처럼 완벽한 극복이 어렵다. 그러나 결국 그 비교라는 것이 나를 어디로 이끄는 것인지를 한 발짝 떨어져서 관조하고, 분석하는 훈련을 한 결과 많이 나아진 듯하다. 그 과정에서 느낀 바를 여기에 공유한다.

타인과 나의 삶을 비교하는 행동은 기본적으로 삶의 조건과 여건에 대해 우열을 가리고 싶은 욕구에서 출발한다. 또 그러한 행위로부터 자신의 삶의 조건과 여건이 열등하다는 결론을 얻고 싶은 사람은 아무도 없다. 다시 말해, 우리는 본능적으로 비교를 통해, 타인보다 더 나은 삶을 살고 있다는 우월감과 위안, 안도감을 얻고 싶어 하는 것이다. 하지만 나의 삶이 타인의 삶보다 항상 더 나을 수가 없다. 그리고 제아무리 잘난 사람이라도 자아도취에 빠진 사람이 아니라면, 세상 모든 면에서 다른 사람보다도 더 나을 수가 없으므로, 비교는 필연적으로 일정 부분에 있어서는 자신의 못난 구석을 찾게 만들고, 그로 인한 열등감과 불행감을 수반한다. 고대에 이런 감정으로부터 완전히 자유로웠던 인간 개체는 아마도 무리 내의 다른 개체보다도 더 나아지기 위한 노력을 게을리했을 것이므로, 후손을 남기기가 어려웠을 것이고, 이에 따라 우리는 비교라는 행동을 자연스럽게 반복하고 있는 것이다.

비교하는 습성을 꼭 한국 사람만이 공유하는 문화적인 특질로 바라보지만, 지금 이 순간에도 이러한 인간의 본원적인 행동은 세계 도처에서 일어나고 있고, 특히 우리나라처럼 일부 대도시에 극단적으로 인구가 집중된 곳에서는 더더욱 그 경향이 심하게 나타난다. 이는 배가 고프면 밥을 먹어야 하고 졸리면 잠을 자야 하는 본능에 가까운데, 어느 나라는 저녁 식사를 세 시간씩 하고 어느 나라는 졸리면 업무시간에도 낮잠을 두 시간씩 자야 하는 것처럼, 그것이 나타나는 모습이 다른 것일 뿐, 비교하는 습성이 발현되는 것 자체가 이상하지 않다는 얘기다.

이런 비교하는 습성을 사회문화적인 특질, 혹은 개인의 부족한 정신적 양식으로 인해 일어나는 일이라고 단정하면, 평범한 사람들이 이를 극복해 내기가 더욱 힘들어진다. 당장 먹고살기 바쁜데 수많은 사람의 틈바구니에서 혼자만 비교하는 습성을 극복해 내는 정신적 양식을 어떻게 만들어 낼 것이며, 비교하는 사회적 분위기와 문화적 특질은 혼자서 어떻게 극복해 낸다는 말인가? 그런데 비교하는 습성이 배고픔을 느끼고, 졸음을 느끼는 것처럼, 인류가 대를 건너 물려준 특질의 일부라고 받아들이면, 그로 인한 불만족과 부정적 감정을 조금 더 객관적으로 관찰할 수 있게 된다.

다만, 문제는 배고프면 밥을 먹고, 졸리면 잠을 자는 해결책과는 달리, 비교로 인한 불만족과 열등감은 단순한 신체 행위로 극복되지 않는다는 점이다. 그리고 비교 대상보다 나아진다고 하여 이 비교로 인한 불만족과 열등감이 영원히 충족되는 것도 아니다. 본능적 욕구임에도 불구하고, 주기적으로 동일한 기초적 욕구가 반복되기보다는 사고의 전개에 따라 다양한 방식으로 끊임없이 모양을 바꿔가며 사람을 괴롭히는 복잡한 양태로 나타나는 것이다.

따라서 타인과 자신을 비교하는 본능적인 습성을 바라볼 때는, 그것이 근원적으로 영원히 만족시킬 수 없는 욕구에 근거하고 있고, 그러한 욕구는 수십, 수백만 년에 걸친 유전적 선택 과정에서 지독하게 살아남은 장치에 불과하다는 점을 인지하는 것이 도움이 된다. 한마디로 생존하기 위해 나의 유전자에도 각인된 지독한 습성이고, 이것이 적절히 작동했을 때 역사적으로 자손을 남기기에 더 유리했으며, 열등감과 우월감 등의 감정적 장치를 통해 내가 특정 방향으로 행동하도록 유도하는 장치로서 작용하고 있다는 점을 이해해야 한다는 뜻이다.

이렇게 사실을 있는 그대로 바라보면 과연 나아지는 점이 있을까? 타인과의 비교, 그로 인해 느껴지는 끝도 없는 열등감, 때

때로 느껴지는 소박한 우월감의 반복이 100년 정도 살다가 죽을 '나'라는 생물체에 어떠한 결론을 예정하고 있는지를 이해하고 생각할 수 있게 되면, '타인과의 비교'가 스스로에게 갖는 의미를 과대평가하지 않고 덤덤하게 바라볼 기회가 생긴다. 즉, 이러나저러나 인간은 태어나면 어차피 죽는데, 사는 동안 더 열심히 살고, 과거의 기준대로라면 더 열심히 살아서 자손을 남기고, 번식하게 하는 장치로서 비교하는 습성이 각인되어 있음을 알아차리는 것만으로도 마음이 가벼워진다는 말이다. 더불어 이런 유전적인 술수에 대해 이미 눈치를 채고 있다면, 사람은 결국 죽는다는 결론을 두고 그 결말을 상상해 보며, 비교하는 습성을 삶의 여정 동안 어떻게 통제하고 이용할지 더 뚜렷하게 생각해 볼 수 있다.

설명이 참 복잡했지만, 결국 죽는 순간에 옆집 갑돌이가 초호화 1인실에서 죽었다고 그걸 부러워하고, 열등감을 느끼며 죽는 자기 모습을 그리는 사람은 없을 것이다. 타인과의 비교를 통해 느껴지는 감정은 삶을 채워나가는 수단이지, 이처럼 목적이 될 수 없다는 생각을 명확하게 정리하고, 거리감을 두면, 이를 조절하고, 통제하는 데에도 도움이 된다.

비교하는 습성이 있다고 삶이 무조건 나아진다고는 못 하겠지만, 적어도 이 습성은 인류 역사상 진화라는 과정을 통해 제법 생존과 번식에 쓸모가 있었던 것으로 보인다. 바로 앞에서 언급했듯, 죽는 순간 어떻게 죽는지 옆집 갑돌이와 죽음의 모습을 비교하면서 죽는 사람은 얼마 없겠지만, 아픈데 치료받을 돈이 없어 전전긍긍하기보다는 더 편안하게 치료받는 것이 더 바람직할 것이다. 비교하는 습성은 이런 삶의 여건을 어디까지 달성할지 조절하는 데에 써먹을 본능적인 특질일 뿐이므로, 한 발짝 떨어져서 구조적으로 파악하고, 나 스스로 정하는 삶의 모습을 만들어 나가는 데에 약삭빠르게 이용하면 그만이다.

쉽진 않겠지만, 어느새 남들과 자신을 비교하고 있는 당신이라면 나처럼 이렇게 관조하며 생각을 정리해 보기를 권하고 싶다.

자기 자신에게
중독되어라

끝으로 우리 뇌가 느끼는 도파민 보상회로와 중독 그리고 이를 활용하는 방법에 관해 이야기해 보고자 한다.

앞서 비교하는 습성은 본능에 가깝다고 했다. 그런데 그보다 더 과학적 근거를 뒷받침할 수 있는 부분은 뇌에서 분비되는 도파민 호르몬과 중독에 관한 내용이다. 사회적으로도 여러 중독 현상을 문제 삼고 있는데, 담배나 게임처럼 대중이 살짝 해롭다고 인식하고 있는 요소부터, 범죄시·죄악시하는 마약과 도박까지 중독은 먼 이야기인 듯하면서도 흔한 비극이기도 하다.

한편, 정신과 의사들만큼은 아니지만 나는 변호사로서 다른 사람들에 비해 중증 중독자를 볼 기회가 훨씬 많다. 그리고 그들을 지켜보면서 중증 마약 중독과 도박 중독은 치료가 안 된다는 결론에 다다랐다. 이는 아마도 임상의들의 의견과도 일치하는 견해일 듯싶다. 중증 알코올 중독도 마찬가지다. 담배와 관련해서는 "금연은 평생 참는 것이지, 끊는 것이 아니다."는 소리를 들어본 사람도 있을 것이다. 사정이 이럴진대, 중독성이 더 강하고 뇌의 도파민 보상 체계를 완전히 망가뜨리는 중증 중독은 불치병처럼 고쳐지지 않는다. 그뿐만 아니라 본인 외에도 그를 사랑하는 주변인의 삶까지도 피폐하게 만들어서, 중독자들의 사연은 뻔히 정해져 있는 각본을 보는 것 같기도 하다.

더불어 마약이나 도박 같은 극단적인 두뇌 보상 체계의 왜곡과 그로 인한 극복이 어려운 독한 중독 증상을 보며 느낀 건, 아무리 지성과 이성의 위대함에 대해 이야기해 본들 정신 작용 역시 생물학적 화학 작용에 불과하고, 인간이라는 생물체는 생리적 작용과 호르몬의 지배에서 벗어날 수 없다는 냉엄한 사실이다. 나 역시 스스로를 '강철 같은 정신력으로 무엇이든 이겨낼 수 있는 사람'이라고 믿고 싶지만, 마약 또는 도박 중독에 빠졌을 때, 그걸 자력으로 완벽히 극복해 낼 수 있을까 하는 물음에는 회의감이 든다. 두말할 필요 없는 지극히 정상적인 생각이지만, 내가 마약이나 도박을 거들떠보지도 않는 이유는 그 때문이다.

그런데 도파민 분비를 자극하는 일은 마약, 도박에 국한된 사안은 아니다. 맛있는 음식을 먹을 때, 갈증을 해소할 때와 같이 생존에 꼭 필요한 행동을 할 때나, 쇼핑, 다정한 신체 접촉 등을 통해서도 도파민은 분비된다. 이렇듯 삶의 과정에서 도파민이 자연스럽게 분비되는 경우가 있는가 하면, 인위적으로 끌어내는 경우도 있다. 도박을 예로 들자면, 인위적으로 보상회로를 활성화하는 설계의 극단이며, 게임이나 놀이 역시 이와 같은 보상회로를 적절히 작동시켜 몰입하게 하고 때로는 중독으로 유인하는 설계의 전형이다. 쉬운 예를 들면, 일부 온라인 게임에서 비즈니스 모델로 아이템 뽑기를 설정하여 결제하도록 유도하는 시스템이 이런 중독을 유도하는 대표적인 방식이다.

이에 나는 '인위적으로 도파민 보상회로를 활성화하는 계획적 설계가 가능하다면, 스스로 보상체계를 만들고, 실천하여 본인에게 적절한 동기 부여와 긍정적인 중독을 유도할 수 있지 않을까?' 하는 발상을 하게 되었다. 나아가 이는 내가 직접 실천함으로써 검증하고 있는 동기 부여 방식이자, 게으른 나를 이끌어가는 원동력의 기초이기도 하다.

나는 이를 '셀프 보상회로'라고 부르는데, 다음과 같은 원리를 핵심으로 설계했다. 인간은 무언가 목표한 바를 성취하면 도파민이 분비되고, 그로 인해 즐거움과 쾌락을 느낀다. 이로써 도전과 성취를 어떻게 배치하느냐에 따라 지속적인 도파민 보상이 주어지니, 본능적으로 성취를 위한 노력을 게을리하지 않게 된다. 그러니 개인의 발전과 실질적인 삶의 여건도 자연스레 개선될 수밖에 없다는 게 그것이다.

물론 개인적 성취를 이룬다는 것도 죽음이라는 끝이 정해져 있는 인간 삶의 유한함을 떠올리면, 부질없어 보일 수 있다. 하지만 짧다면 짧은 인간의 삶이라도, 직접 그 인생을 사는 사람의 입장에서는 한참을 살아야 죽음에 도달할 것처럼 느껴지고, 그 여정에서 다양한 삶의 의미와 행복을 찾을 수도 있기에 모든 것을 단념하고 포기한 채로 살기는 굉장히 어려운 일이다. 다시 말해, 개인의 성취를 최대한 이뤄내겠다고 맹목적으로 목표하지 않는 사람일지라도 아무런 성취 없이 살아가기엔 인생이 길다는 이야기다. 단편적으로만 보더라도, 대부분의 사람이 더 잘 먹고 잘살고자 하니 이를 위한 경쟁은 늘 뜨겁고, 치열하다. 만일 다들 적당히 먹고살자고 한다면 이토록 사는 게 힘들고 팍팍하지 않을 텐데, 결국 더 잘 먹고 잘살려는 본능에 이끌려 서로 앞뒤를 다투게 되니 성취에 대한 고민을 하지 않을 수 없다.

그렇다고 모든 성취가 경쟁을 수반하지는 않는다. 그러나 개인의 성취와 그에 따른 사회·경제적 보상은 유한한 사회 자원을 어떻게 분배할 것인가를 결정하게 하므로, 보통의 사회적 보상은 남들보다 더 노력하고 더 인내하여 경쟁에서 승리한 자에게 주어진다. 이 과정이 고달프지만 피할 수 없으니, 우리 사회 구성원은 괴로워하면서도 성취와 성공에 목매게 된다.

그럼, 이러한 과정을 덜 괴롭고 더 수월하게 만드는 방법은 없을까? 나는 여기에 대한 제법 괜찮은 방법 하나를 찾았다. 바로 성취 자체에 적절하게 중독되게 설계하는 것이다. 쉽게 말해, 도파민 보상회로가 자연스럽게 작동하도록 하고, 그에 따른 적절한 보상을 주기적으로 함으로써 동기를 부여하는 방식이다. 마치 중독성이 강한 게임을 제작하듯, 카지노가 그곳을 찾는 사람들이 도박에서 헤어 나올 수 없도록 보상체계를 설계하듯, 내 삶에서 노력과 성취가 적절하게 교차하도록 구성해, 이 패턴을 즐길 수 있도록 기획했고 실제로 일상에 적용 중이다.

이런 나의 말에 "그 기준을 통해 '남들과 비교했을 때' 자랑할 만한 성취를 이루어 냈느냐?"고 묻는다면 자신 있게 긍정하지는 못하겠지만, '이 방법을 쓰지 않았던 나 스스로와 비교했을 때'는 한 치의 망설임도 없이 더 나아졌다고 대답할 수 있다.

그 덕분인지 나는 나이가 들고, 삶의 방향성과 가능성이 점점 굳어져 가는 듯한 상황에서도 끝없이 도전하고 새로운 일을 찾아 해내려는 모습이 인상적이라는 주변의 평가를 많이 듣는다. 또 열정과 부지런함이 남다르다고도 하는데, 그건 정확한 표현이라고 보기는 어렵다고 생각한다. 왜냐하면 나는 단지 도파민 보상회로가 제대로 작동할 수 있도록 도전과 노력, 성취를 적절히 교차해서 배치하고, 난이도를 적당한 수준으로 조절해 밑도 끝도 없이 실패만이 계속되지 않도록 보상체계를 설계하여 사회·경제적 보상이 적절히 이루어질 수 있도록 할 뿐이기 때문이다.

　더욱이 나는 나와 가족을 둘러싼 삶의 여건이 함께 개선되도록 조절하는 데 정성을 들일 뿐, '남들보다 열정을 불태운다.'거나, '불굴의 의지로 남들보다 부지런해진다.'는 것은 애초에 목표한 바도 없고 그런 자질을 가지고 있지도 않다. 오히려 나는 구조적으로 문제를 개선해, 굿이나 보고 떡이나 먹는 방법을 궁리하는 게으른 사람에 가깝다. 간단하게 표현하자면 '나 스스로 삶에 중독되게 만드는 연구'를 하는 것이다. 그리고 아래의 사항은 내가 셀프 보상회로를 완성하는 데 고려하는 부분이다.

　첫째, 너무 크거나 멀어 보이는 목표는 세우지 않는다. 굳이 세워야겠다면, 잘게 쪼개어 단계별로 달성할 수 있게 한다. 그 이유는, 꿈을 크게 갖는 것도 좋지만 목표가 너무 크고 요원하면 재미도 없고 성취로 인한 보상감도 느낄 겨를이 없기 때문이다. 그러므로 스스로 자주 성취감을 느끼고, 나아지고 있다는 것을 인지하고, 또 행복감을 느낄 수 있도록 목표를 위한 노력과 성취가 적당히 반복될 수 있도록 배치해 지루함을 느끼지 않도록 한다. 예컨대 '입신양명'보다는 '명문대학교 합격', '자격증 시험 합격'과 같은 목표를, '명문대학교 합격'이라는 목표보다는 '중간고사, 기말고사, 정기 학력평가 등에서 성과 내기'와 같은 목표로 나누어서 하는 설계가 더 좋은 결과를 위해 지속적으로 노력하는 데에 더 효과적이다.

둘째, 실패를 연거푸 하지 않도록 도전과 성취의 난이도 조절을 적절히 한다. 즉, 불가능한 영역만 시도하지 않는다. 운이 따르면 성공할 수도 있지만, 실패만 하다가 끝날 수도 있기 때문이다. 또 그렇게 된다면 불행감만 느끼게 되어 무언가를 위해 새로 노력한다거나 도전할 의욕조차 사라진다. 물론 그 가운데서도 불굴의 의지로 이겨내는 영웅이 있지만, 확실히 나는 그런 사람이 아니고 그런 사람이 되고 싶지도 않다. 나 자신이 그에 미치지 못함을 알고 있으니, 실패만 하다가 질릴 확률을 줄이는 편을 선택하는 것이다. 이를 위해서는 나의 현재 수준을 진단하고, 그에 걸맞은 난이도의 성취 목표를 구체화해야 한다.

셋째, 도전과 성취의 과정에서 경제적인 보상으로 대표되는 현실적인 삶의 여건을 절대 간과하지 않아야 한다. 열심히 노력해서 성취한 결과가 반드시 경제적인 보상으로 되돌아오지는 않는다. 가령, 성취하고자 하는 목표가 나의 지적인 우월감을 위한 것일 수 있고, 단순히 도덕감을 만족시키는 행위일 수도 있으며, 사회적인 존경을 위한 것일 수도 있다. 그런데 물질적 기반은 나를 비롯해 내가 상호작용하고, 때로는 보살펴야 하는 나의 주변 사람들의 삶을 공통으로 관통하는 소재다. 더 현실적으로 보자면 물질적 고민의 해결은 삶에서 많은 고민을 덜어준다. 사정이 이러하니 나의 성취가 현실적인 고민을 자연스럽게 풀어주고, 스트레스 수준을 낮춰주는 설계를 하여 이를 따라간다면 삶의 만족도도 자연스럽게 높아질 수 있는 것이다.

넷째, 개인적 성취에 중독되어 그것이 삶의 전부가 되어버리지 않도록 자각하고, 균형을 맞추고자 한다. 다름 아니라 개인적 성취가 반복되고 그것이 더 나은 결과와 보상으로 다가올수록 점점 그와 같은 보상체계에 중독되고, 더 큰 만족감을 얻기 위한 시도를 계속하려 해 그 자체에 매몰되기 쉽기 때문이다. 그래봤자 어차피 인간의 삶은 유한하고, 죽음에 앞서 현실적인 이유로

도전을 멈춰야 할 시기가 온다. 아무리 뜨거운 열정을 가지고 도전을 계속한다고 하여도 언젠가는 새로운 성취에 실패하거나, 건강상의 문제로 더는 도전을 하지 못하게 되는 상황이 오는 것이다. 결국 개인적 성취를 만들어 나갈 수 있는 좋은 보상회로를 설계하는 일은 삶을 살아가는 한 방법일 뿐이다. 따라서 언젠가는 필연적으로 마주치게 되는 좌절과 포기, 그리고 도전의 중단이 삶의 끝을 의미하지 않음을 인지하고, 개인 성취와는 별개로 의미를 부여할 무언가에 대해 고민할 필요가 있다. 이를테면 가족과의 유대관계, 친구와의 우정을 통한 충만감, 정신적 안락함, 고뇌가 없는 편안함, 인류애와 사회적 연대감에 기초한 정의 실현 등 진정으로 의미를 부여할 만한 여러 가치가 있을 것이다.

이렇게 개인적 성취를 위한 보상회로의 설계에 몰입하다 보면, 내가 해야 할 일에 열정을 쏟을 수 있을 뿐만 아니라, 한도 끝도 없는 타인과의 비교로부터 자유로워지는 효과도 있다. 컴퓨터 게임에 중독된 사람이 그 순간만큼은 게임 플레이에만 몰두하여, 누가 슈퍼카를 타든, 명품을 들고 다니든, 관심을 두지 않는 것처럼, 내 게임에 중독되어 있으니 굳이 그럴 마음이 생기지 않는 것이다. 이를 미루어 보아 모든 중독이 나쁜 것만은 아닌 듯하다.

당신만의 꼰대력이라는 무기를 위하여

지금까지 '내가 이걸 미리 알았더라면'의 기준에서 떠오르는 생각을 늘어놓았다. 처음에는 분명히 나 자신에 대해 이야기를 하는 에세이를 쓰려고 했는데, 감정적이고 감성적인 부분은 쏙 빼놓고, 나만의 논리에 호소하는 별난 자기계발서가 된 듯해 민망하기도 하다.

이 책에 담긴 이야기는 순전히 내 개인적 경험에 바탕을 둔, 다분히 스스로의 판단에 치우친 솔직한 내용들이다. 이에 '편견'이라는 단어의 사전적 정의가 공정하지 못하다는 의미를 담고 있어서 조금은 찜찜하지만, 스스로 칭하건대 이 책은 '젊은 꼰대의 편견'에 가깝다.

이토록 나의 일방적인 견해를 책으로 출간하게 된 기회가 참 과분한데, 부디 나의 편향된 관념이 나와 비슷하게 삶을 헤쳐 나가야 할 독자들에게 조금이나마 시행착오를 줄여주는 타산지석이 되었으면 한다.

당연히 내가 태어날 때부터 꼰대였던 것은 아니다. 그런데 불과 최근 10년 사이에 젊은 꼰대가 되고 말았다. 영원히 바뀌지 않을 것 같았던 학창 시절의 사고관도 어른이 되어 돈을 벌고, 가족을 먹여 살리며, 세상과 부대끼다 보니 자연스레 변해갔다.

사람마다 삶의 방식과 코스는 다르지만, 청년기를 보내는 누구든지 나와 흡사한 혹은 나보다도 더 극명한 사고의 변화를 겪을 것이라고 믿는다. 나는 그 과정이 참으로 지리멸렬했고, 때로는 치사스럽고 불쾌했으며, 종종 고통스럽기까지 했는데, 그것이 당연한 성장통으로 여겨지지는 않는다. 그저 미리 알았더라면 겪지 않아도 되었을 불필요한 괴로움에 가까웠다. 물론 그 길에서 배운 게 전혀 없지는 않지만, 반드시 그 시기를 거칠 필요는 없을 듯싶다. 그게 편견이 가득한 이 책을 쓰게 된 이유이기도 하다.

나의 편견은 앞으로도 계속해서 업데이트될 것이고, 꼰대력도 나이가 들어감에 따라 더더욱 강력해질 것이다. 바라건대 당신도 자신만의 편견과 꼰대력을 갖추고, 그를 방패 삼아 험한 세상을 타격 없이 헤쳐 나갔으면 좋겠다. 대신, 저마다의 편향된 시각을 가졌음을 인지하고, 모두가 자기 줏대를 뽐내면서도 서로의 편견과 꼰대스러움을 인정하고 존중해 줄 수 있는 자유와 여유가 충만한 사람들로서 마주했으면 하는 소망으로 마침표를 찍는다.

이런 삶이 꼰대라면 나는 그냥 꼰대할래요

ⓒ임현서, 2023

초판 1쇄 발행 2023년 9월 11일
초판 3쇄 발행 2023년 9월 27일

지은이 임현서
편집인 권민창
책임편집 윤수빈
디자인 김지혜
책임마케팅 윤호현, 김민지, 정호윤
마케팅 유인철
제작 제이오
출판총괄 이기웅
경영지원 박상박, 박혜정, 최성민

펴낸곳 ㈜바이포엠 스튜디오
펴낸이 유귀선
출판등록 제2020-000145호(2020년 6월 10일)
주소 서울시 강남구 테헤란로 332, 에이치제이타워 20층
이메일 mindset@by4m.co.kr

ISBN 979-11-92579-86-3(03190)

마인드셋은 ㈜바이포엠 스튜디오의 출판브랜드입니다.